Ferdinand Gregorovius

Kleine Schriften zur Geschichte und Kultur

Dritter Band

Ferdinand Gregorovius

Kleine Schriften zur Geschichte und Kultur
Dritter Band

ISBN/EAN: 9783743659506

Hergestellt in Europa, USA, Kanada, Australien, Japan

Cover: Foto ©ninafisch / pixelio.de

Weitere Bücher finden Sie auf **www.hansebooks.com**

Kleine Schriften

zur

Geschichte und Cultur.

Dritter Band.

Kleine Schriften

zur

Geschichte und Cultur.

Von

Ferdinand Gregorovius.

Dritter Band.

Leipzig:
F. A. Brockhaus.
1892.

Inhalt.

	Seite
Die Villa Malta in Rom und ihre deutschen Erinnerungen	1
Der Hegelianer Augusto Vera	43
Clemens August Alertz	73
Zwei wieder auferstandene antike Figuren von Erz	87
Die Villa Rouzano. Ein Musensitz der Gozzadini von Bologna	97
Das Urkundenbuch der Stadt Orvieto	121
Das Bourbonenschloß Caserta	135
Die Abruzzen. Ihre Geschichte und ihre Kunstdenkmäler	149
Passionsspiele: I. Das römische Passionsspiel im Mittelalter und in der Renaissance	177
II. Das deutsche Passionsspiel in Tyrol	190
Die großen Monarchien oder die Weltreiche in der Geschichte	223

Die Villa Malta in Rom

und ihre deutschen Erinnerungen.

1888.

Die Villa Malta hätte wol verdient, deutsches Eigentum zu bleiben, denn manche vaterländische Erinnerungen haften an ihr. Vierzig Jahre lang ist sie das römische Sanssouci des kunstliebendsten aller deutschen Fürsten gewesen. Ludwig von Baiern hat dort oftmals Hof gehalten, nicht mit besternten Diplomaten, sondern mit lebensfrohen und talentvollen Künstlern. Nun aber sind auch die letzten Veteranen seiner Tafelrunde dahingegangen, die Villa selbst ist das Besitztum eines russischen Edelmannes geworden, und bald wird ihre deutsche Vergangenheit eine Legende sein. Darum will ich ihr ein paar Blätter des Andenkens widmen und sie ganz ernsthaft wie ein historisches Monument behandeln.

Der Ursprung der Villa Malta ist sehr vornehm; ihr Stammbaum wuchs in den Gärten des Lucull.

Ehe Aurelian Rom mit neuen Mauern umgab, lagen die nördlichen Hügel der Stadt im Freien, wie heute die Villa Borghese und die Monti Parioli. Sie waren immer ein beliebter Gartenbezirk. Die gesunde Luft, die Nähe der Weltstadt, die herrliche Aussicht auf diese wie auf die großartige Landschaft lockten die Römer, dort Weinberge und Landhäuser, und dann auch prachtvolle Villen anzulegen. Solche erstreckten sich vom Esquilin und Viminal bis zur Porta Flaminia. Man nannte Kunstgärten mit den dazugehörenden Gebäuden Villae oder auch Horti, und davon erhielt jenes Hügelland (der heutige Pincio) den Namen Collis Hortorum. Nach dem Quirinal hin begrenzte dasselbe die Villa des Geschichtschreibers Sallust (Horti Sallustiani); gegen die Via Flaminia dehnte sich eine Reihe schöner Parkanlagen aus mit Prachtgebäuden und Kunstsammlungen, die Gärten des Lucull, des Pompejus und der Domitier.

Lucullus war der erste Römer, welcher auf dem Pincio eine Villa von unvergleichlicher Schönheit baute. Sie lag auf der Strecke, die heute durch Santa Trinità dei Monti, Via Sistina und Capo le Case bezeichnet wird. Zur Zeit des Claudius gehörte sie dem Consular Valerius Asiaticus, welchen Messalina in den Tod trieb, um sein Landhaus zu besitzen. Tacitus erzählt, daß vor den Augen des Verurteilten der Scheiterhaufen aufgetürmt wurde, aber daß der Sterbende den Befehl gab, ihn an einer andern Stelle zu errichten, wo der Feuerqualm die Baumgruppen seiner geliebten Villa verschonen konnte.

Diese wurde jetzt das Lusttheater für die Ausschweifungen der Messalina und hier ereilte sie auch die strafende Nemesis. Als Claudius die Kaiserin umzubringen befahl, fanden sie seine Centurionen auf der Erde liegend, den Dolch in der zarten Hand, doch mutlos sich selbst den Todesstoß zu geben. Ein Tribun erstach sie.

Die Villa kam hierauf an den kaiserlichen Fiscus,

und dort schwelgten die schreckliche Agrippina und ihr Sohn Nero. Sie blieb Eigentum der Kaiser, die sich fast aller großen Villen der Stadt bemächtigten. Noch im 4. Jahrhundert behauptete sie ihren Ruf gleich den Horti Sallustiani. Weil die Westgothen Alarichs diese durch Feuer zerstörten, mag auch jene in demselben Jahre 410 das gleiche Los getroffen haben.

In der letzten Kaiserzeit war sie in tiefem Verfall. Sie gehörte dem Senatorengeschlecht der Pincii, deren Name auf den ganzen Gartenhügel überging. Die Domus Pinciana, der letzte Rest der Villa Luculls, war zur Zeit Theodorichs so ruinirt, daß dieser von dorther Marmor nach Ravenna schaffen ließ zum Bau seiner Residenz. Weil damals noch Kunstschätze der alten Villa übriggeblieben sein mußten, so wird der Gothenkönig auch davon manches nach Ravenna entführt haben. Noch tausend Jahre später fand man im Schutte der Lucullischen Gärten den messerschleifenden Scythen, welcher zu einer Marsyasgruppe gehört zu haben scheint. Jeder kennt ihn aus der Tribuna der Uffizien in Florenz.

Im Hause der Pincier hatte noch Belisar sein Hauptquartier, als er Rom gegen die Gothen verteidigte; und so endigte mit seiner Heldengestalt die antike Geschichte Roms eigentlich in jenen Gärten des Lucull. Denn nach den Gothenkriegen senkte sich die tiefe Nacht der Barbarei auf die verödete Stadt.

Den Mons Pinzi des Mittelalters bedeckte jahrhundertelang geschichtloses Dunkel. Da er außerhalb des täglichen Verkehrs und Lebens der Stadt lag, und dieses sich von den Höhen immer mehr in das Marsfeld nach dem Tiberflusse hinunterzog, so blieb der Hügel der Gärten seiner Verwilderung überlassen. Weinberge, Gemüsefelder, Gebütsche, Nachkömmlinge der antiken Horti, reichten bis zur heutigen Piazza di Spagna hinab. Die Trümmer der alten Villen luden, wegen ihrer entfernten Lage, keine Barone ein, dort ihre Türme aufzubauen. Allein sie dauerten in jener Wildniß lange fort, denn noch auf dem Stadtplan Buffalinis (um 1551) sind im Bezirk der Kirche Santa Trinità und der Via Sistina große Ruinen verzeichnet, die der Domus Pinciana müssen angehört haben. Von unten herauf, wo die Straße Capo le Case liegt, führte seit alter Zeit ein Weg, die Via Pinciana, zu dem gleichnamigen Tore, welches erst im vorigen Jahrhundert verschlossen wurde.

Am Ende des 15. Jahrhunderts ließ Karl VIII. von Frankreich die Kirche Santa Trinità dei Monti errichten, und seit dieser Zeit belebte sich der Hügel der Gärten wieder. Er wurde sogar seiner alten Bestimmung zurückgegeben, denn einige prachtvolle Villen des neuen Rom entstanden in der Spätrenaissance auf ihm. Der Cardinal von Montepulciano erbaute die Villa Medici, welche der Papst Leo XI. noch als Cardinal erwarb, dann der Großherzog von Toscana erhielt, endlich die französische Regierung während der Revolution sich aneignete. Im 17. Jahrhundert errichtete der Cardinal Ludovico Ludovisi die großartige Villa seines Namens, deren Park sich bis zum eigentlichen Pincio längs der innern Seite der Stadtmauern fortzog. Auf dem westlichen Rande des Circus der Sallustischen Gärten bauten auch die Massimi ein reizvolles Landhaus. Den Abschluß

Die Villa Malta in Rom und ihre deutschen Erinnerungen.   7

aller dieser modernen Anlagen machte der öffentliche Garten
des Pincio, der zur Zeit Napoleons entstand und erst
unter Pius IX. seine heutige Gestalt erhielt.

Die Villa Malta also ist ein Ableger aus den Gärten
des Lucull. Sie steht auf der höchsten Erhöhung des
Pincio unweit der Porta Pinciana, zwischen den Villen
Medici und Ludovisi, und ist so tief versteckt, daß von
der Via Sistina her nicht einmal ihr Turm sichtbar
wird. Sie war niemals eine Sehenswürdigkeit Roms;
in keiner Stadtbeschreibung wird ihrer gedacht, in keinem
Album römischer Bauwerke ist sie abgebildet. Erst im
18. Jahrhundert erscheint sie als ein Garten, Giardino
del Pino, von einem Pinienbaum so genannt.

Sie hieß auch Giardino di Malta. Dieser Name,
größer und stolzer als die Namen Medici und Ludovisi,
scheint anzudeuten, daß sie einst ein Besitz des Ordens
der Malteser gewesen ist. Man hat sie auch bis heute
für eine alte Sommerwohnung dieser Ritterschaft ge=
halten. Allein das kann nicht erwiesen werden. Auf
meine Bitte ließ einer der edeln Cavaliere, der Marchese
Giacomo di Pietramellara, im Mai 1886 das Archiv des
römischen Ordenshauses nach Urkunden, die Villa Malta
betreffend, durchsuchen, und es hat sich deren keine vorge=
funden. Auch in der Villa selbst ist niemals das Wappen
der Malteser gesehen worden. Die Entstehung des Namens
ist daher noch heute rätselhaft.

Im 18. Jahrhundert war das Landhaus Eigentum des
französischen Klosters Santa Trinità in seiner Nähe. Die
Mönche dort besaßen in ihrem Bezirk Weinberge und Gär=
ten, und zu diesen muß auch jenes Grundstück gehört

haben. Sie selbst erbauten wol das einfache zweistöckige Casino mit einem kleinen viereckigen Turm, von welchem man die schöne Aussicht genießen konnte. Fast alle römischen Landhäuser dieser Art sind mit einem solchen Belvedere versehen. Der Baustil der Villetta di Malta deutete höchstens auf das 17. Jahrhundert zurück.

Am 5. Juli 1764 verlieh das Kloster dies Grundstück in Emphyteuse bis zur dritten Generation der römischen Familie Parmegiani gegen einen Jahreskanon von 150 Scudi (750 Frs.). Das ist das älteste beglaubigte Datum in der Geschichte der Villa. Sie wechselte schnell ihre Pächter: noch im 18. Jahrhundert kam sie an den Grafen Domenico della Torre, und von ihm an den Ritter Giuseppe Antonio Celani. Schon diese Besitzer vermieteten, wie vor ihnen die Mönche selbst, die Räume der Villa als Wohnungen, auch an Künstler zu Ateliers.

Der durch seine Luft gesunde, stille und ländliche Pincio war schon seit langer Zeit ein Maler- und Bildhauerviertel besonders für deutsche Künstler. Diese haben mit Vorliebe in den dortigen Straßen gewohnt, in der Via Felice und Sistina, in der Via Gregoriana, S. Isidoro, Purificazione, Capo le Case, und auf der Piazza Barberini.

Die Geschichte der deutschen Ansiedlungen in Rom ist noch zu schreiben, und sie wird hoffentlich einmal geschrieben werden. Sie beginnt wesentlich mit den Colonien der Langobarden, Franken und Sachsen, die sich seit dem 8. Jahrhundert im vaticanischen Borgo gebildet hatten. Die Kirche und das Kaisertum haben während des Mittelalters Scharen von Deutschen nach Rom gezogen. Manche deutsche Männer dienten den Päpsten als Secretäre und Scriptoren.

Theodorich von Niem aus Westphalen, einer der Stifter der deutschen Nationalkirche dell' Anima in Rom, hat sich als Geschichtschreiber des großen Schisma im 14. Jahrhundert unsterblich gemacht, und jeder Mann kennt die Bedeutung des Elsässers Burckhard, des Ceremonienmeisters Alexanders VI., auf dessen und der Borgia Privatleben sein berühmtes Diarium ein so grelles Licht geworfen hat.

Der Glanz Roms unter den Päpsten der Renaissance, welche die Ewige Stadt mit monumentalen Kunstwerken ausstatteten und durch die Sammlung der vaticanischen Bibliothek die Wissenschaften förderten, lockte viele deutsche Gelehrte dorthin. Erasmus und Reuchlin, Copernikus, Agrikola, Dalberg, Celtes, Hutten und andere besuchten dies Centrum der humanistischen Bildung, und um den berühmten Lausitzer Goritz sammelte sich ein Kreis von deutschen Dichtern, welche sich in Rom einbürgerten.

Es ist auffallend, daß in der zahlreichen römischen Colonie von Deutschen während der Renaissance nur Dichter und Gelehrte, aber keine bedeutenden Künstler sichtbar wurden, und das nicht einmal in der Zeit, ehe die lutherische Reformation ihren erbitterten Kampf gegen das päpstliche Rom begann. Albrecht Dürer, der größeste und vielseitigste Künstler der deutschen Renaissance, lebte, von seinem nürnberger Gönner Wilibald Pirkheimer unterstützt, ein Jahr lang (1505) in Venedig, von wo aus er Bologna besuchte, aber er hat Rom nicht gesehen. In seinem letzten Briefe aus der herrlichen Dogenstadt seufzte er: „wie wird mich nach dieser Sonne frieren; hier bin ich ein Herr, daheim ein Schmarotzer." Ein Verlangen, Rom zu besuchen, hat er nicht ausgesprochen; sein deutsches Wesen ist nicht durch Italien beeinflußt worden.

Selbst Hans Holbein, der unter allen deutschen Malern den an meisten an die italienische Kunst erinnernden Sinn für Form und Schönheit besaß, hat sich nur in der Lombardei, namentlich in Mailand aufgehalten, zu einer Zeit, wo Leonardo da Vinci nicht mehr dort lebte. In Rom ist Holbein nicht gewesen, wenigstens haben wir keine Kunde davon. Er hat dann bekanntlich lange in England gelebt. Es werden aber doch manche niederländische, fränkische und schwäbische Maler auch in den Werkstätten Rafaels und Michelangelos in Rom studirt haben.

Die Reformation unterbrach die friedlichen Wallfahrten der Deutschen nach der Ewigen Stadt. Nach dem Dreißigjährigen Kriege stellten sich jene Beziehungen langsam wieder her. Doch erst seit Rafael Mengs, welcher im Jahre 1741 nach Rom kam, hat sich die Niederlassung deutscher Künstler hier ununterbrochen fortgesetzt.

Die Villa Malta muß solchen schon damals und lange bevor sie namhaft geworden war zu ihren Werkstätten gedient haben. Die älteste deutsche Erinnerung an den „Garten von Malta" ist aber doch erst an Goethe geknüpft. Er nennt zwar diesen Namen nicht, aber er hat die Villa ohne Zweifel gekannt. Die Tradition erzählt, daß die größeste der drei Palmen des Gartens von Goethe gepflanzt worden sei. Er selbst sagt in seiner „Italienischen

Reise", daß er kurz vor seinem Scheiden von Rom (im April 1788) Dattelpflanzen, die er aus Kernen gezogen, einem römischen Freunde übergeben habe, von dem sie in einen Garten der Sixtinischen Straße versetzt worden seien, „wo sie noch am Leben sind, und zwar bis zur Manneshöhe herangewachsen, wie ein erhabener Reisender mir zu versichern die Gnade hatte. Mögen sie den Besitzern nicht unbequem werden und fernerhin zu meinem Andenken grünen, wachsen und gedeihen".

Der Garten an der Sixtinischen Straße kann nur jener von Malta gewesen sein; Goethe, der keinen schönen Aussichtspunkt unbeachtet ließ, muß ihn aufgesucht haben. Sein römischer Freund war vielleicht ein deutscher Künstler, der dort sein Atelier hatte, und der Besitzer des Casinos im Jahre 1788 konnte der Graf della Torre sein.

Bald nach Goethe traf Herder zum Besuche in Rom ein. Es gibt keinen größern Contrast, als Herder und Goethe in Rom. Dieser lebte dort in menschlich schöner Freiheit; Herz und Seele, die Flügel des Genius, wuchsen ihm empor, und die Sonne Roms gab seinen Idealen die classische Reife. Jener kam dorthin am 10. September 1788, als „Appendix" launenhafter Freunde, Dalbergs und der Frau von Seckendorf. Im Anfange des October kam auch die Herzogin Amalie. Herder fand, daß er „zwischen den Weibern garstig in der Mitte sei". Er sah sich in Rom um allen Genuß betrogen. Dem Cardinal-Staatssecretär Buoncompagni und dem Senator Rezzonico wurde er als vescovo di Weimar vorgestellt. Welche seltsame Figur mußte ein vescovo di Weimar in Rom machen! Er verkehrte mit dem alten Reiffenstein, mit Zoega und Moritz, und mit Angelika Kauffmann. Der verdrießliche, krankhafte „Bischof" konnte der Ewigen Stadt nichts abgewinnen. Er begriff dort nur die Schattenseiten, die Pfaffenwirtschaft, die Nichtigkeit der Gesellschaft, das todte Meer der Wissenschaften, die falsche Weisheit und taumelnde Unwahrheit. Erst in Neapel, wohin er zu Neujahr 1789 mit der Herzogin Amalie ging, lebte er auf. Beide kehrten am 20. Februar nach Rom zurück. Und damals hat Herder mit der Fürstin in der Villa Malta gewohnt. Er verließ die Ewige Stadt am 15. Mai 1789. Seinen Aufenthalt dort hat Haym geschildert: „Herder nach seinem Leben und seinen Werken" (Bd. 2, 1885).

Im Herbste 1802 lebte in der Villa die geistreiche Friederike Brun mit ihrer Tochter, der Gräfin Ida von Bombelles. In ihrem „Römischen Leben" hat sie Folgendes aufgezeichnet: „Das Gebäude, welches wir bewohnen, war eine ehemalige, klosterähnlich eingerichtete Sommerwohnung der Malteserritter. Ein hoher Turm erhob sich gerade über dem Teile des Gebäudes, welchen wir bewohnen. Allein es gibt noch viele Logis in dem mit vielen Treppen versehenen wunderlich aus- und eingebauten und doch zusammen um kleine liebliche Gärten gruppirten Häuserhaufen, Villa Malta genannt. Schon wohnt ein kranker Engländer, Sir Knight, hier mit ein paar Schwestern; mancher Künstler hat hie und da hinter freien Balkons sein malerisches Nestchen und phantasiebeflügelte Ausblicke. Aus meinen Zimmern führt eine Treppe in einen größeren luftigen Saal, welcher einen Flügel des Gebäudes allein bildend wie ein Erker in die Fülle des Grünen blickt, und von drei Seiten mit großen Fenstern umgeben ist. Meine Wohnzimmer sehen auf die Gärten des Quirinalischen Palastes; es hat einen Kamin mit einer Marmorplatte. Ein Hofraum trennt mich von einem Gärtchen, darin sind Springbrunnen, Orangen, Reben, Akazien, Lorbern und Cactus."

Friederike versammelte dort manche ausgezeichnete Fremde, die damals in Rom lebten: Zoega, Fernow, Bonstetten, Thorwaldsen, Keller, Lund. Sie hat das Weihnachtsfest geschildert, welches sie in jenem großen Saal der Villa veranstaltete, wo später der König Ludwig von Baiern heitere Zusammenkünfte mit ihm befreundeten Künstlern hielt. Den geselligen Kreis der deutschen Dichterin versetzte die Ankunft Wilhelms von Humboldt in freudige Aufregung. Der Bruder Alexanders kam als preußischer Gesandter nach Rom und nahm seine Wohnung in derselben Villa Malta. Aus ihrem Fenster sah Friederike den Minister mit seiner Gemalin und vier Kindern von der Via Pinciana den schmalen Weg zur Villa herauffahren. Sie erstaunte, die älteste zehnjährige Tochter Karoline als Knabe gekleidet zu sehen, denn der Reise wegen war diese Vermummung für sie gewählt worden. Es war der 25. November 1802, als Humboldt in die Villa Malta einzog.

Das kleine Landhaus wurde alsbald der Mittelpunkt für die geistreiche Gesellschaft Roms. Alle jene Männer aus dem Kreise der Friederike Brun traten auch in diesen neuen Humboldts über. Außerdem verkehrten hier Lucian Bonaparte, Agincourt, Canova, Angelika Kauffmann,

Camuccini, Reinhardt, Koch, Schadow, während der später berühmte Altertumsforscher Welcker Hauslehrer in der Humboldtschen Familie war.

Anfang 1805 kam auch der Kurprinz Ludwig von Baiern zum ersten male nach Rom, nicht ahnend, welche Veränderungen sein Vaterland gerade in diesem verhängnißvollen Jahre erfahren sollte, Veränderungen, welche das Deutsche Reich durch den Rheinbund auflösten, den mit dem Feinde Deutschlands verbündeten Vater Ludwigs zum souveränen König des vergrößerten Baiern, und ihn selbst zum widerwilligen Vasallen Napoleons machten. Der Kurprinz nahm in Rom Wohnung bei dem bairischen Gesandten Bischof Häfelin, im Palast Rondanini auf dem Corso, dem Hause gegenüber, worin Goethe gewohnt hatte. Der Name dieses Palastes lebt noch in München mit der berühmten Medusa fort, welche er im Jahre 1811 aus ihm erwarb.

Den jungen Prinzen begeisterten die Monumente und Antiken Roms; sie weckten in ihm die fürstliche Leidenschaft, nicht nur Kunstwerke zu sammeln, sondern sein Vaterland auch durch Neuschöpfungen des Schönen zu adeln. Schon ein Jahr nach seinem Aufenthalt in Rom faßte er den großartigen patriotischen Gedanken zur Walhalla und gleichzeitig den Plan zur Glyptothek.

Sein Verkehr mit Künstlern in Rom war gleichwol im Jahre 1805 noch nicht sehr lebhaft. Nicht einmal Thorwaldsen, dessen Hebe er schon in Venedig bewundert hatte, scheint er damals persönlich kennen gelernt zu haben. Seine ersten Beziehungen zu diesem genialen Meister gehören ins Jahr 1808, wo er den Adonis bei ihm bestellte. Da er mit Wilhelm von Humboldt verkehrte, betrat er im Jahre 1805 auch die Villa Malta zum ersten mal.

Humboldt beherbergte dort in demselben Jahre seinen Bruder Alexander, welcher nach der Rückkehr von seiner epochemachenden Reise in Südamerika erst nach Paris gegangen war und dann im März 1805 mit Gay=Lussac Rom besuchte. Wilhelm blieb in der Villa bis zum Frühling 1807, dann zog er in das Haus Tomati, in der nahen Via Gregoriana; aber er verließ Rom für immer schon im Herbst 1808.

Die Umwälzungen, welche die Ewige Stadt durch den Sturz des Papsttums erlitt, hemmten hier für eine Reihe von Jahren die Thätigkeit der Künstler, aber sie begünstigten gerade die Absichten des Kronprinzen Ludwig, der mit Rom in beständiger Verbindung blieb. Sie erschütterten den Wolstand der römischen Aristokratie so tief, daß selbst die Barberini, Braschi und Ruspoli sich mancher Kunstschätze, die ihre Familienpaläste erfüllten, entäußerten. Weil die schönsten Antiken und Gemälde aus den Galerien des Staates durch den modernen Vandalen Napoleon nach Paris fortgeschleppt waren, durfte sich niemand wundern, wenn Privatpersonen Werke ihres eigenen Besitzes verkauften. Zum letzten male bot sich fremden Fürsten die Gelegenheit dar, aus Schätzen Roms und Italiens heimische Museen zu gründen, und diesen Zeitpunkt benutzt zu haben ist das große Verdienst Ludwigs gewesen. So sind durch ihn die alten münchener Kunstsammlungen vermehrt und neue angelegt worden.

Die meisten Ankäufe besorgte für ihn Martin Wagner,

sein unermüdlicher Agent in Rom. Daß der Barberini'sche Faun, die Minerva Ergane, Hunderte von Statuen und die große Vasensammlung nach München gekommen sind, ist wesentlich seiner Umsicht zu verdanken. Unter vielen Mühen und Gefahren schloß er auch den Kauf der Aegineten in Griechenland ab, und führte dann diese weltberühmte Giebelgruppe glücklich von Malta nach Rom, wo er die Bruchstücke in seinem Atelier zusammensetzte, während Thorwaldsen sie restaurirte. Dort sah sie der Kronprinz, als er im April 1818 zum zweiten male Rom besuchte.

Die durch die französische Revolution und Napoleon aus den Angeln gehobene Welt hatte sich im Jahre 1815 wieder eingefügt, das Papsttum sich in Rom neu eingerichtet, und die Ewige Stadt war in ihr altes göttliches Nirwana, in jene von der Geschichte gesättigte, zeitlose Stille zurückgesunken, deren narkotischer Odemzug auf alle idealen Naturen immer wie ein Zaubertrank gewirkt hat. Altertumsforscher und Künstler studirten und arbeiteten wieder, und manche Fremde von Ruf erschienen.

Die wenigsten Ausländer empfanden das thatsächliche Elend, in welches das römische Volk aus dem bessern Zustande unter der französischen Regierung wieder herabsank, als ihm das Joch der Monsignoren mit ihrem Polizeisystem von neuem aufgelegt wurde. Niebuhr aber hat das tief empfunden und in seinen Briefen nach der Heimat ausgesprochen. Dieser große Gelehrte war seit 1816 preußischer Gesandter in Rom, und sein Legationsrat wurde Bunsen.

In demselben Frühjahr 1818, in welchem Ludwig nach

Rom kam, kehrte dorthin auch die Gemalin Wilhelms von Humboldt zum Besuche zurück. Sie nahm ihre Wohnung im Hause der Signora Buti, welches nahe bei der Villa Malta in der Via Sistina lag und die Künstlerherberge jener Zeit war. Thorwaldsen und Schadow, Wach, der Kupferstecher Senff und Wagner wohnten dort. Thorwaldsen arbeitete damals an seinem Mercur und ließ den Triumphzug Alexanders für die Villa Sommariva in Marmor ausführen. Die Malerin Luise Seidler, welcher Karl August von Weimar den Aufenthalt in Rom möglich machte, hat von dem patriachalischen Leben, dessen Mittelpunkt Frau von Humboldt war, in ihren „Erinnerungen" erzählt. Auch Henriette Herz, die mit ihrer Freundin Dorothea Schlegel zu derselben Zeit in Rom lebte, hat die Abende im Hause Buti geschildert. Dort war der Kronprinz Ludwig gerne zu Gast; sein geistreiches Wesen, seine bürgerliche Einfachheit und Liebenswürdigkeit machten auf jene schöne und hochgebildete Frau einen tiefen Eindruck.

Als sie eines Tages in seiner Begleitung die Spanische Treppe hinaufstieg, fragte sie ihn: „Werden Sie denn auch als König so bleiben, wie Sie jetzt sind?" Der Kronprinz antwortete, die Schlußzeile des „Columbus" von Schiller verändernd:

Was der Jüngling verspricht, leistet der Mann euch gewiß.

Das Viertel um die Villa Malta her war zu jener Zeit der Sitz einer zahlreichen deutschen Colonie. In dem Landhause selbst wohnten immer Maler; auch Overbeck hatte dort seine erste Wohnung genommen, als er im Jahre 1810 nach Rom gekommen war. Bald darauf zog er mit seinen frommen Kunstgenossen in das nahe Kloster Sant Isidoro. Jedem Staatswesen, jeder bürgerlichen Pflicht entfremdet, weder von der erbärmlichen Reaction in ihrem Vaterlande noch von der Knechtschaft Italiens berührt, lebten diese Künstler in Rom wie auf der Insel der Seligen, in olympischer Freiheit, als Weltbürger einer idealen Republik, versenkt in das Studium der alten Meister und zu eigenen Schöpfungen aufgeregt. Der Geist Carstens', der Classicismus Canovas und Thorwaldsens wirkte auf diese neue Malerschule, die nach den verlorenen Formen des großen historischen Stils suchte. Die Fresken von Cornelius, Overbeck, Veit und Schadow in der Casa Bartholdy auf dem Pincio erregten damals Aufsehen als kunstgeschichtliche That der Umkehr zur Natur. Selbst Niebuhr sprach in einem Briefe an Savigny (vom Februar 1817) die Hoffnung aus, „daß wir jetzt in der Kunst für Deutschland in eine Epoche treten, wie die unserer aufblühenden Literatur im 18. Jahrhundert war".

Den Kronprinzen Ludwig überraschte der kühne Aufschwung der kleinen deutschen Künstlerwelt auf dem Pincio. Er bemerkte den Widerspruch ihrer Ideale, ohne sich für eins oder das andere zu entscheiden. Die Deutschen teilten sich in zwei Schulen: die weltlich-classische der Capitoliner, deren Häupter Koch und Reinhardt waren, und die christliche der Nazarener und Convertiten, die im Zusammenhange mit den deutschen Romantikern zur vorrafaelischen Mystik zurückkehrten. Die Führer dieser waren Overbeck, Veit, und in seiner ersten Epoche auch Cornelius. Dagegen blieb die persönliche Richtung Ludwigs un-

begrenzt. Er war kein einseitiger Antiquar und Liebhaber;
er liebte die ganze Kunst als solche, weil sie das Schöne
schuf. Die Hebe und der Adonis Thorwaldsens ent=
zückten ihn ebenso sehr wie die blassen Heiligenbilder
Overbecks und Veits.

In seinem phantasievollen Geiste vereinigten sich die
Reflexe aller Kunstepochen und Stile, die griechische An=
tike, das byzantinische und romanische Christentum, die
mittelalterliche Gothik, die italienische Renaissance. Ihre
verschiedenen Formen hat er dann in der bunten Reihe
seiner Bauten mit gleichem Enthusiasmus nachgeahmt.
Die Glyptothek, die Pinakotheken, die Propyläen, der
Residenzbau, die Arcaden, das Siegestor, Obelisk, Bavaria,
Bibliothek, Walhalla, Basilika, Ludwigskirche, Feldherren=
halle, Ruhmeshalle: alle diese rühmlichen Schöpfungen
zeigen ihn als den Sohn seiner weltbürgerlichen Zeit
ohne Originalität, als einen romantischen Eklektiker auf
dem weiten Gebiete des Schönen, wie es, freilich mit
den Mitteln und in den Dimensionen des Römerreiches,
einst der Kaiser Hadrian gewesen war, der letzte große
Kunstmäcen des sterbenden classischen Altertums. Viel=
leicht war sich Ludwig seiner innern Verwandtschaft mit
Hadrian bewußt, als er dessen Bildsäule neben der des
Perikles in einer Nische der Außenwand der Glyptothek
aufstellen ließ.

Es ist für sein Wesen bezeichnend, daß er im Plane
hatte, der im ionischen Tempelstil errichteten Glyptothek
gegenüber eine Apostelkirche aufzuführen, und so Classi=
cismus und Romantik äußerlich miteinander zu verbinden.
Solche Universalität des künstlerischen Gesichtskreises konnte

nur die That eines sammelnden und nachahmenden Zeitalters sein, welches selbst keine eigene Kunstform besaß, sondern seine Größe im philosophischen Bewußtsein der Einheit des Menschengeschlechts und ihrer edelsten Culturideale fand.

Es war noch die Zeit, wo Faust und Helena ihre Wonnemonde feierten. Der Geist Ludwigs selbst, wie mancher andere in Deutschland, entstammte dieser romantischen Verbindung des Germanentums mit dem Hellenentum, und nichts konnte später natürlicher sein, als daß ein Sohn Ludwigs den Tron des befreiten Griechenlands als erster König der Hellenen in Athen bestieg.

Weil Ludwig die Künste nach München verpflanzte, wurde er der Neuschöpfer dieser Stadt. Alles erschien hier noch ungünstiger für die Aufnahme des Schönen, als es früher der Boden Berlins gewesen war. Ein an ideale Anschauungen und Bedürfnisse nicht gewöhnter Volksgeist; eine gleichgültige unfruchtbare Naturumgebung in der nächsten Nähe; keine andere als die dynastische Geschichte des Herrscherhauses; keine Monumente eines alten und blühenden Gemeinwesens, welche Regensburg, Augsburg und Nürnberg so stolz und vornehm machen. Weder Berlin noch München besitzt auch nur eine wirklich schöne, alte Kirche, wie so mancher kleine Ort Deutschlands sie aufzuweisen hat. Jetzt strebt München, wie viele andere Städte unsers Vaterlandes, durch die alles belebende Kraft, welche das große nationale Reich ausströmt, mächtiger auf. Wenn aber diese freundliche Stadt mit ihren reichen Bildungsanstalten die Königin des herrlichen deutschen Alpengebietes wird, so hat sie das noch jenen

Impulsen zu verdanken, welche ihr Ludwig gegeben hat. Was dieser geistvolle Fürst hier geschaffen hat, ist im Verhältniß zu den geringen Mitteln, über die er verfügen konnte, so bewundernswert, daß er, wenn er Aehnliches zu Griechenzeiten und für Griechen gethan hätte, als Stadtheros in einem Tempel würde verehrt worden sein. Es kommt hier nicht einmal auf den künstlerischen Wert seiner Monumentalschöpfungen an, sondern nur darauf, daß er der Kunst wieder große Aufgaben gestellt und sie als die vollste Blüte der Cultur begriffen hat.

Ich bin von der Villa Malta abgeschweift, allein sie steht doch immer im Hintergrunde des merkwürdigen Treibens deutscher Künstler in Rom während der ersten Decennien dieses Jahrhunderts. Der Kronprinz Ludwig war der Abgott dieser Künstler, nicht nur als geistvoller Mäcen, sondern als glühender deutscher Patriot. Noch im Jahre 1818 trug er in Rom die bereits von den Regierungen des Vaterlandes verpönte deutsche Tracht Jahns und der Burschenschaft. Künstlern, welche nicht Mittel hatten, sich deutsch zu kleiden, gab er sie, und so wanderten Maler und Bildhauer unter den Göttern Griechenlands und den Ruinen Roms als Urteutonen des Teutoburgerwaldes stolz umher. Der Weltmann Canova wird sie mit stillem Lächeln betrachtet haben. Henriette Herz hat erzählt, daß in jenem Jahre 1818 einmal eine römische Prinzessin, mit ihrer Amme in Genzano am Nemisee spazierend, vor der plötzlich auf= tauchenden Erscheinung eines breitschulterigen Teutonen mit wild herabwallenden Haaren entsetzt davongelaufen sei. Dieser Schreckliche, welchen die Amme für den leib=

haftigen Simon Magus hielt, war kein geringerer als Rückert. Niemand konnte diesem Urgermanen ansehen, daß in seiner zarten Seele der „Liebesfrühling" keimte.

Es gibt ein Buch von Otto Baitsch: „Johann Christian Reinhardt und seine Kreise", worin jene Deutschtümelei unserer Künstler in Rom gezeichnet ist. Sie hinderte dieselben übrigens nicht, sich zu zeiten bei ihren Festen am Ponte Molle oder im Tal der Egeria in die Formen des antiken Römertums zu kleiden. Das classische Heidentum verführte selbst fromme Gemüther. Der strenge Niebuhr forderte einst (im Juni 1818), nach der Kindtaufe bei Bunsen, nachts auf der Loggia des Palastes Caffarelli stehend und mit angeheiterten Augen den funkelnden Stern Jupiter betrachtend, Thorwaldsen auf, die Gesundheit des alten Gottes zu trinken. „Von ganzem Herzen gern", antwortete der Künstler mit beklemmter Brust. Einige der Gäste stutzten, aber Cornelius stieß auf den alten Jupiter wacker an.

Mein Freund Dr. Erhardt in Rom besitzt ein altes Festprogramm der deutsch-römischen Künstlerschaft, welches sehr ergötzlich und durch die in ihm auftretenden Persönlichkeiten heute besonders wertvoll ist. Es ist auf vergilbtem Papier mit den guten Schriftzügen unserer Väter geschrieben und lautet so:

„Senatus Consultus.

Nachdem der Rath die ihm vorgelegten Ansprüche auf einen zu haltenden Triumph in Berathung gezogen und die Verdienste eines jeden reiflich erwogen hat, so bewilligt derselbe kraft dieses Rathschlusses den Nachstehenden die Ehre eines feierlichen Triumphes, und zwar jedwedem nach dem Maße seines Verdienstes in der von unsern Vorfahren herkömmlichen Weise:

1) Als dem Cav. von Thorwaldsen
    einen skandinavischen, deutsch-gothischen Triumph.
2) Dem Baron von Stackelberg
    einen griechischen, orientalischen, deutsch-russischen Triumph.
3) Dem Herrn von Kestner
    einen deutsch-englischen Triumph.
4) Dem Herrn Byström
    einen gothischen, französisch-englischen Triumph.
5) Dem Herrn Eggers
    einen deutsch - mecklenburg - schwerin - preußischen Triumph.
6) Dem Herrn Launitz
    einen deutsch-russischen, kur- und livländischen Triumph.
7) Dem Herrn Koch
    einen wiener Triumph.
8) Dem Herrn Thürmer
    ein (!) Ovation über Konstantinopel und Griechenland.
9) Dem Herrn Stier
    ein Ovation über Sicilien.

Die von den Triumphirenden zu hinterlegenden Gelder haben die Quästoren in Empfang zu nehmen und davon die Kosten zu bestreiten. Die Anordnung des Triumphes bleibt jedoch den curulischen Aedilen überlassen.

S. C."

Der deutsch-englische Triumphator Kestner, der Sohn der Lotte Buff, war erst seit 1817 hannoverischer und englischer Diplomat in Rom, und der berühmte Landschaftsmaler Koch hatte sich von 1812 bis 1815 in Wien aufgehalten und dort durch seine Gemälde Aufsehen erregt. Otto von Stackelberg, der mit Bröndstedt Griechenland bereist hatte und sich hauptsächlich als archäologischer Forscher und Tourist einen Namen machte, wählte seit 1816 Rom zu seinem Aufenthalt. Demnach wird jener Triumph etwa diesem Jahre angehören.

An solchen frohen Festen auf den classischen Gefilden der Ewigen Stadt nahmen alle deutschen Künstler ohne Unterschied ihrer Richtung teil. Der Kronprinz Ludwig versäumte sie nicht, so oft er in Rom war, und die Künstler selbst veranstalteten solche für ihren vergötterten Schutzherrn. Im Frühjahre 1818 gaben sie ihm zum Abschiede ein besonders glänzendes, welches Cornelius, schon im Begriffe, seinem Rufe nach München zu folgen, in einem Garten vor der Porta del Popolo mit künstlerischem Geschmack einrichtete. Es machte Aufsehen selbst im Auslande, wo die Zeitungen davon wie von einem Ereigniß berichteten. Es ist in der Lebensbeschreibung Bunsens von dessen Witwe und auch vom dänischen Dichter Atterbom, welcher gleich Rückert dabei war, beschrieben worden.

Das Jahr 1818 bezeichnet ein neues Datum in der Geschichte der Villa Malta, denn am 18. März desselben überließ sie ihr letzter römischer Besitzer Celani dem schwedischen Bildhauer Johann Niclas Byström. Dieser Zeitgenosse Thorwaldsens, mit dem er vergebens, doch nicht ruhmlos, um die Palme des Künstlers rang, war in Stockholm der Schüler Sergells gewesen und, mit einem Preise der Akademie gekrönt, 1810 nach Rom gekommen. Hier entwarf er sein erstes ausgezeichnetes Werk, eine trunkene Bacchantin, welchem im Laufe der Zeit viele andere folgten, teils in Rom, teils in Stockholm ausgeführt, wo er auch eine Reihe von Monumentalfiguren schwedischer Könige schuf. Wie der große Däne, hatte sich auch der Schwede Byström an die Deutschen in Rom angeschlossen, und auch er war bei jenem prachtvollen Feste zu Ehren Ludwigs zugegen gewesen.

Byström richtete sein Atelier in der Villa ein, vermietete aber noch ihre Räume an Fremde, oder ließ solche dort wohnen, bis ihr Termin abgelaufen war. Im Herbste 1818 wohnte daselbst der hannoverische Gesandte Baron von Reden, während sein Legationssecretär Kestner das ehemalige Humboldtsche Quartier in der Via Gregoriana innehatte. Reden gestattete der Malerin Luise Seidler, in dem schattigen Garten zu malen.

Byström verbesserte die Villa und ihre Gartenanlagen. Deshalb bewilligte ihm das Kloster Santa Trinità am 13. Februar 1823 einen neuen Contract, wodurch die Pacht auf ewige Zeit ausgedehnt, der Jahreszins auf 160 Scudi festgestellt wurde. Erst Byström setzte die Villa Malta mit der Via Sistina in Verbindung. Um dies zu thun, kaufte er dort im Jahre 1825 zwei Häuser von De Amicis und Lizzani und legte einen Eingang von der Straße an, indem er eine gewundene Treppe (a cordonata) bauen ließ.

Im November 1820, dann im Mai 1821 kam der

Kronprinz Ludwig wiederum nach Rom. Er stand hier mit Byström in persönlichem Verkehr und besuchte seine an Kunstschöpfungen reiche Werkstätte in der Villa Malta. Schon damals war in ihm der Wunsch entstanden, diese zu erwerben; und wol war es Wagner, der ihm solchen Vorschlag machte, um den geliebten Prinzen an Rom zu fesseln. Byström wurde oft nach Stockholm gerufen, wo er sich im Thiergarten ein schönes Landhaus anlegte, und auch in Rom selbst baute er sich auf dem Pincio, seitwärts von der Spanischen Treppe, das noch heute wolbekannte Haus, welches von seiner freien Lage A quattro venti genannt wird. Er entschloß sich zum Verkauf der Villa erst im Jahre 1827, als Ludwig schon König war.

Wagner, welcher seit 1818 an Stelle des Bildhauers Eberhard die Privatangelegenheiten des Fürsten in Rom besorgte, war sein Bevollmächtigter bei diesem glücklichen Erwerbe. Die Summe betrug für die Villa an sich 9000, für ihr Mobiliar 3000, für die beiden Häuser in der Sistina 10000, im ganzen 22000 Scudi oder 110000 Frs. Die Zahlung sollte in 15 Raten, vom October 1827 bis zum December 1828 geleistet werden; der an das Kloster schuldige Kanon blieb vorerst auf dem Besitze haften, um später abgelöst zu werden. Am 7. Februar 1827 wurde der Vertrag in München vom Könige bestätigt und am 14. April in Rom vollzogen. Das Notariustrument, welches vom Doctor Leopoldo Angelucci ausgefertigt ist, hat mir durch die Güte des heutigen Eigentümers der Villa in einer Abschrift vorgelegen, und ihr entnahm ich auch die wesentlichen geschichtlichen Nachrichten über jene.

Sein römisches Besitztum bezog der König zum ersten male im Anfange des Jahres 1829. Dies war ein glänzender Festtag für ihn und seine künstlerischen Paladine. In demselben Winter befand sich in Rom der geistvolle Kronprinz von Preußen, dessen Empfänglichkeit für künstlerische Ideale den Neigungen Ludwigs verwandt war. Der römische Aufenthalt Friedrich Wilhelms veranlaßte die Gründung des Archäologischen Instituts durch Bunsen und Gerhard. Während die rühmlichen Bestrebungen unserer Künstler es nicht vermochten, dort in einer deutschen Akademie einen dauernden Mittelpunkt zu finden, gelang dies unsern Archäologen. Die weltberühmte Anstalt auf dem Capitol, eine Nachwirkung des Geistes Winckelmanns, wurde mehr als zufällig in den Schutz Preußens gestellt. Sie dauert noch heute als wissenschaftliche Schule des Deutschen Reiches fort, aber sie hat seit kurzem jenen großen internationalen Charakter verloren, welchen die Gründer diesem Institut gegeben hatten.

Da Preußen damals noch nicht den Palast Caffarelli erworben hatte, war Ludwig der einzige deutsche Fürst, der in Rom ein Grundstück besaß und deshalb römischer Bürger war. Sein Besitztum war sehr bescheiden, im Vergleich zu den glänzenden Villen, in deren Mitte es versteckt lag, der Villa Medici, wo die französische Akademie ihren Sitz hatte, und der Villa Ludovisi, wo in dem schönsten Parke Roms eine der berühmtesten Antikensammlungen aufgestellt war. Aber ihre idyllische Verborgenheit gab der Villa Malta einen hohen Reiz. Sie erfüllte vor allem den Zweck, dem Könige als stilles Absteigequartier zu dienen, so oft er nach Rom kam, um

dem rauhen Norden zu entfliehen, um „seine Ketten ab=
zulegen", auszuruhen und mit Künstlern selbst Künstler
und Mensch zu sein. In einem Distichon hat er das
so ausgedrückt:
Wie werth bist du mir, liebes Asyl, wo endlich den Menschen
Findet der König aufs neu, welchen daheim er verlor.

Entweder lebte noch Leo XII., oder Pius VIII. war
eben seit dem 31. März 1829 auf den Heiligen Stul
gestiegen, als Ludwig seine Villa zu bewohnen kam. Sie
erhielt zum ersten male die Ehre eines päpstlichen Besuches
als Erwiderung dessen des Königs im Vatican. Das
wiederholte sich, so oft derselbe in Rom war. Für solche
päpstliche Auffahrten wurde, mit etwas verschämter Er=
innerung an die Fahrten römischer und byzantinischer
Cäsaren, vom Spanischen Platze bis zum Eingange des
Landhauses eine Wegespur von Goldsand gestreut, über
welcher dann der Papst in seiner Carrosse mit den Nobel=
garden und anderm Gefolge einherzog. Er konnte dort,
auf der alten Stätte Lucullischer Schwelgereien, die
spartanische Bedürfnißlosigkeit des Königs mit mehr Takt
bewundern, als ein reicher römischer Emporkömmling
gezeigt haben soll, von welchem man erzählt, daß er dem
Könige einmal ins Gesicht gesagt habe: „Sire, dies ist
keine Villa, sondern nur ein Krautgarten."

In Wahrheit, jeder Freigelassene der Messalina würde
sich geweigert haben, ein so dürftiges Haus zu bewohnen.
Die Villa fuhr fort zu sein, was sie schon vorher ge=
wesen war, ein genial vernachlässigtes Künstlerheim. Die
wiederholten Beschwerden Wagners, daß die Möbel ab=
genutzt seien, daß die Decken einzustürzen, die Fußböden

sich zu lösen drohten, wurden nicht beachtet, oder der König erlaubte nur die notdürftigsten Herstellungen. Dies war Sparsamkeit und vielleicht auch Künstlerlaune.

Die berühmten Künstler jener Zeit lebten in einer Einfachheit, welche heute unerhört sein würde. Die enge Wohnung des großen Thorwaldsen war so ärmlich ausgestattet, daß er seinen Besuchern kaum einen Stul anzubieten hatte. Als ihm aber eines schönen Tages Frau Buti ein Kanapee anschaffte, dünkte er sich fürstlich eingerichtet. Die patriarchalische Einfachheit seines Asyls wollte sich der König Ludwig durch keine Standesrücksichten stören lassen. Es geschah einmal in spätern Jahren, daß sein Sohn Maximilian die Villa heimlich mit bessern Möbeln versehen ließ; kaum erblickte sie der König, so befahl er, diesen überflüssigen Luxus zu entfernen. Er hatte sich ein Arbeitszimmer eingerichtet, wo er den Morgen zubrachte. Der Nachmittag wurde zu Wanderungen in Rom, der Abend zu geselligen Zusammenkünften mit Künstlern in der Lorberlaube oder im obern Saale verwendet.

Im „Leben Thorwaldsens" von Thiele wird erzählt, daß der König im Jahre 1829, kaum in sein Landhaus eingezogen, die alte ungezwungene Lebensweise wieder aufnahm. Bisweilen kam er die Villa herab in die Via Sistina und rief zum Hause des Künstlers hinauf, ihn zum Mittagsessen einzuladen. In der spanischen Weinschenke des Don Raffaele de Anglada auf Ripa Grande am Tiber suchte er seinen gewohnten Platz auf, der am Tisch durch einen festgenagelten falschen Bajocco bezeichnet war. Die erheiterte Gesellschaft stieg einmal auf diesen Tisch und brachte Dom Miguel ein Pereat aus.

Man sieht in der Neuen Pinakothek Münchens eine Scene in jener Weinschenke dargestellt: Ludwig sitzt in einem langen, grünen Rock auf dem äußersten Ende der Bank und winkt dem stämmigen Wirte zu, welcher, einen hohen Cylinder auf dem Kopf, eine Weinflasche in jeder Hand, gravitätisch herbeikommt. Um den Tisch sitzen Thorwaldsen, Philipp Veit, Julius von Schnorr, Klenze, Wagner und Catel, sodann der Graf Seinsheim, Ludwigs Jugendfreund und beständiger Begleiter, der Hofmarschall von Gumppenberg und der Doctor Ringseis. Franz Catel, ein trefflicher Landschaftsmaler, ein wolhabender und wolgebildeter Mann, dessen sich alle meine Zeitgenossen in Rom gern erinnern werden, ist der Verfertiger dieses Bildes; er hat sich selbst auf ihm, die Gruppe in ein Skizzenbuch zeichnend, dargestellt. Da auf der Rückseite des Bildes das Datum des 29. Februar 1824 eingeschrieben ist, so gehört die heitere Scene noch der Zeit an, wo Ludwig Kronprinz war. Aber solche fröhliche, immer maßvolle Symposien wurden auch später von ihm fortgesetzt. Er besuchte auch die Osterie am Theater des Marcellus, welche Goethe berühmt gemacht hatte, und dort ehrte er das Andenken des Dichters durch eine Marmortafel. Den Römern war die geniale Laune eines regierenden Fürsten neu, der mit Künstlern umherschwärmte und mit dem Volke wie mit seinesgleichen verkehrte. Seine auffallende Erscheinung, die hagere, bewegliche, gesticulirende Gestalt, seine ganze außerordentliche Art verwunderte sie, bis sie sich daran gewöhnten. Kein fremder Fürst ist in Rom populärer gewesen als er.

Die wenigsten Künstler, die in der Villa Malta aus=

und eingingen, besaßen eine Bildung, welche dem Könige genügen konnte. Künstler werden, fast so leicht wie Stubengelehrte eines Specialfaches, einseitig, und deshalb auch eingebildet. Bildung ist etwas Höheres als Wissen. Oft sind stockgelehrte Leute des Katheders ganz ungebildete bleierne Menschen. Künstler aber verfallen um so eher in Dünkel, weil sie zu schaffen suchen, was das Seltenste und der Glanz des Lebens ist: das Schöne. Auch ein Stümper, welcher Farben auf die Leinwand kleckst, wird leicht vom schönen Schein zu dem lächerlichen Wahn verführt, daß er einer auserlesenen Rangordnung schaffender Geister angehört. Nur der wahrhaft schöpferische Künstler vermag den Abstand zu messen, in welchem auch das gelungenste Werk von der Natur steht. Je größer er selber ist, desto bescheidener wird er sein.

Niebuhr klagte einmal, daß der Kronprinz Ludwig solchem Dünkel zu viel Nahrung gebe. Wenn er selbst als Gesandter Preußens während seines Aufenthalts in Rom bis 1823 mit den deutschen Künstlern, namentlich mit Cornelius, Overbeck, Platner und den beiden Schadow, innig verkehrte, so that er dies weniger aus ästhetischen als aus geselligen Bedürfnissen. Von den Zuständen des geistlichen Rom angewidert, war dieser ausgezeichnete Mann mit dem Kassandragemüt in seiner vorurteilsvollen verdrießlichen Abgeschlossenheit unfähig, das zu begreifen, was in der edeln Natur der Römer und Italiener immer unzerstörbar und lebenskräftig blieb. Deshalb sagte er einmal: „In der lebendigen Gegenwart haben nur unsere deutschen Künstler Wert, und mit ihnen, soweit die Sphäre reicht, versetzt man sich wol auf Stunden in ein besseres

Volk." Gleichwol beschwerte er sich über ihren Mangel an Bildung.

Thorwaldsen war ohne alle Kenntnisse; er wußte von Geschichte und Mythologie nichts. Als ihm Ludwig die Statue Konradins auftrug, erkundigte sich der große Meister erst, wer diese Person gewesen sei. Kestner, der ihm in seinen „Römischen Studien" ein liebevolles Denkmal gesetzt hat, behauptete, daß Thorwaldsen nie ein Buch gelesen, wie Walter Scott nie eine Bildsäule angesehen habe. Er verlernte das Dänische, und lernte italienisch nur notdürftig. Bei manchen Künstlern, wie bei dem ohne Schule aufgewachsenen Cornelius, wurde die mangelnde Erziehung durch das eigene Genie ersetzt, und jeder las wenigstens und lernte etwas Ungewöhnliches in dem immer aufgeschlagenen illustrirten Weltbuche Rom. Andere waren von ihrer Jugend her wolgeschulte Männer, wie Overbeck, Martin Wagner und der von Originalität sprühende Naturmensch Koch, ein tiroler Bauer, aber wie Schiller in der Karlsschule erzogen. Mit ihm wetteiferte der Landschaftsmaler Reinhardt, welchem der König Ludwig im Jahre 1829 auftrug, die vier Aussichten der Villa Malta zu malen, wofür ein eigenes Zimmer in München bestimmt werden sollte.

Unter den Besuchern der Villa zeichnete sich der Leipziger Ernst Platner aus als ein Mann von Studium und Bildung. Er erkannte in Rom, wohin er schon im Jahre 1800 als Maler gekommen war, daß er seinen Beruf verfehlt habe, und wandte sich literarischer Thätigkeit zu. Auf Niebuhrs Aufforderung widmete er diese der römischen Stadtbeschreibung, und in ihr sind viele das Mittelalter betreffende Partien von ihm verfaßt. Er war im Jahre 1823 diplomatischer Agent Sachsens in Rom geworden: als er dort 1855 starb, erhielt seine Stelle der Maler Thürmer, ein schöner, aber mit einem kleinen Verdruß von Natur behafteter, und vielleicht diesem zum Trotz sehr selbstgefälliger Mann. Daß Maler damals in Rom diplomatische Posten erhielten, war immerhin ein Zeugniß sowol für die idyllischen Zustände jener Zeit in der Ewigen Stadt, als für die Achtung, welche dort die Künstler genossen. Freilich waren diese Stellungen sehr bescheidener Natur, allein diese sächsischen Consuln durften doch behaupten, daß sie seit Rubens die ersten Maler seien, die es zu einer diplomatischen Carrière gebracht hatten.

Viele andere Künstler, die Brüder Riepenhausen, Overbeck und Veit, Führich, Riedel, Rhoden, Flor, die Engländer Gibson und Macdonald, die Römer Camuccini und Tenerani, sah der König in seiner Villa, eifrig an ihren Arbeiten teilnehmend. In den Nischen der Außenwände seiner Glyptothek ließ er die Statuen Canovas, Thorwaldsens, Teneranis und Gibsons aufstellen, sowol um ihre Verdienste zu ehren, als zum Denkmal seines persönlichen Verkehrs mit diesen Meistern in Rom.

Die Villa Malta verwaltete für den König sein langjähriger Vertrauter Martin Wagner, mit dem er seit 1810 einen lebhaften Briefwechsel unterhielt. Sie blieb nach wie vor ein Anziehungspunkt für die deutsche Künstlerwelt, aber nur soweit das ihr strenger Custos erlaubte. Eine kleine Bibliothek zum Gebrauch der Künstler, wozu der König den Grund gelegt hatte, war in ihr aufgestellt. Diese mehrte sich durch ein Vermächtniß aus der Nachlaßschaft des Prinzen Heinrich von Preußen, jenes Bruders Friedrich Wilhelms III., welcher sein Leben in Rom im Bette liegend zwischen hoch aufgeschichteten Bücherhaufen zugebracht hatte. Moltke war im Jahre 1845 kurz vor des Prinzen Tode bei ihm als sein Adjutant, und damals entwarf er seine noch heute geschätzte topographische Karte der Umgegend Roms. Auch diesen herrlichen, unsterblichen Mann hat die Villa Malta in ihren Räumen gesehen.

In einem Nebengebäude besaß Wagner sein großes, düsteres Atelier, welches mit der Zeit zu einem Museum aufgesammelter, auch wertvoller Altertümer geworden war. Ursprünglich war Wagner Maler gewesen und als solcher im Jahre 1804 nach Rom gekommen; aber ein gelungener Friesentwurf zum Eleusinischen Feste Schillers, den er gemacht hatte, war dem Kronprinzen Ludwig gezeigt worden und hatte diesen bestimmt, dem talentvollen Künstler Aufträge zu ähnlichen plastischen Werken zu geben. Das erste war ein Relief für die Reitschule in München im Jahre 1821, dann folgten der große Walhallafries und die Figuren für das Siegestor.

Die Verdienste, welche sich Wagner in der Kunstwelt erst durch die glückliche Gewinnung, dann durch die geschickte Zusammensetzung der Aegineten erworben hatte, seine langjährigen Bemühungen für die münchener Antikensammlungen, seine Vertrauensstellung zum Könige Ludwig, seine Lebenserfahrungen, die gründlichen Kenntnisse im Gebiete der Künste, endlich seine Beziehungen zu vielen namhaften Meistern, machten ihn in Rom zu einer künstlerischen Autorität. Er war ein scharfsinniger Mann von gewiegtem Urteil. Rahl hat sein Bildniß gemalt, welches sich in der Neuen Pinakothek befindet; es ist idealisirt, denn das Angesicht Wagners hatte, zumal im Alter, die Züge eines Cynikers oder Satyrs. Eine Kernnatur in rauher Schale, ein aufrichtiger Ehrenmann, aber derb bis zur Grobheit. Wer ihn nicht kannte, fürchtete ihn. Seine Art wird, wenn auch in scherzhaft greller Uebertreibung, durch eine Anekdote gezeichnet, die noch in Rom unter ältern deutschen Künstlern fortlebt. An den äußern Stadtmauern gibt es von Strecke zu Strecke hölzerne Gehege, in welche sich Fußgänger flüchten können, wenn sie dort hochgehörnten Campagnaochsen begegnen, die von Hirten zu Pferde dahergetrieben werden. Eines Tages ging Wagner an den Mauern spazieren, und der witzige Maler Riedel kam ihm zufällig entgegen. Sobald Riedel ihn erblickte, schlüpfte er in das nächste Gehege, wo er jenen schweigend vorübergehen ließ. Beide Freunde brachen darauf in ein schallendes Gelächter aus.

Mit den zunehmenden Jahren wurde Wagner immer mehr ein mürrischer Einsiedler in der Villa, und diese selbst stiller und weniger zugänglich. Sie belebte sich nur, so oft der König zum Besuche kam, aber auch dann nur mit immer schwächern Erinnerungen der Vergangenheit. Die Zeiten und die Menschen änderten sich. Der Schwerpunkt der neuen deutschen Kunst, welcher im Anfange des Jahrhunderts in Rom gelegen war, befand sich nicht mehr hier, sondern im Vaterlande, wohin ihn zum Teil Ludwig selbst verlegt hatte. In München hatten

Klenze, Ohlmüller, Gärtner, Schnorr, Cornelius, Kaulbach, Schwanthaler, Rottmann und andere seine Ideen ausgeführt oder sie waren noch damit beschäftigt. In Dresden, in Düsseldorf, in Berlin schaffte man eifrig, ohne einen mehr als zufälligen Zusammenhang mit Rom. Hier aber waren die ehemaligen Genossen der genialen Jugendzeit alt geworden oder fortgezogen oder ins Grab gesunken. Koch starb im Jahre 1839, Reinhardt 1847. Thorwaldsen verließ Rom im Jahre 1838 und starb in Kopenhagen 1844. Cornelius arbeitete in München und Berlin, und erst im Jahre 1853 kehrte er nach Rom zurück, wo er bis 1861 in seiner geräumigen Wohnung im Palast Poli ein zurückgezogenes Leben führte. Eine jüngere Generation hatte den Deutschen Künstlerverein gestiftet, der im Palast Simonetti auf dem Corso seinen Sitz nahm.

Der gesunde Sinn Wagners konnte nicht mit manchen Richtungen übereinstimmen, durch welche der König, dessen Größe als Schöpfer einer neuen Kunstepoche er bewunderte, seine Regierung verdunkelte. Man mag sich vorstellen, wie tief ihn jene Verirrungen bekümmerten, welche die Thronentsagung Ludwigs nötig machten.

Der königliche Privatmann besuchte seither Italien und seine römische Villa Jahr für Jahr, von seinem alten Freunde Seinsheim und dem geistreichen Grafen Pocci begleitet; doch von Herzen froh ist er dort nicht mehr gewesen. Die Revolution des Jahres 1848 hatte auch in das Leben Roms einen tiefen Einschnitt gemacht. In die neue Zeit konnte sich keiner der alten Gefährten mehr zurechtfinden. Wagner starb im Alter von 81 Jahren am 8. August 1858 in der Villa Malta. Seine Samm=

lungen und sein Vermögen, durch rastlose und ehrenvolle Arbeit erworben und in einem biogenisch bedürfnißlosen Leben gemehrt, vermachte er seiner Vaterstadt Würzburg.

Einige Zeit vor seinem Tode gab mir der ausgezeichnete Mann einen Beweis seines Vertrauens, indem er mich aufforderte, sein Leben zu beschreiben. Ich mußte diesen Antrag ablehnen, obwol ich erkannte, daß eine Biographie Wagners als Gemälde der deutsch-römischen Kunstwelt seiner Epoche eine lohnende Aufgabe sein könne. Im Jahre 1866 hat Ludwig Urlichs in Würzburg eine kleine, aber sehr lehrreiche Schrift: „Johann Martin Wagner, ein Lebensbild", veröffentlicht.

Nach dem Tode dieses Künstlers wurde Custos der Villa Peter Schöpf, ein Baier von Geburt. Im Jahre 1847 hatte er jene Bildsäule Konradins für die Kirche del Carmine in Neapel ausgeführt, welche von seinem Lehrer Thorwaldsen schon 1838 modellirt worden war. Auch durch andere Arbeiten war er vorteilhaft bekannt geworden. Seine schlichte, sympathische Persönlichkeit erwarb ihm viele Freunde unter Römern und Deutschen.

Am 13. October 1863 empfing er in der Villa den König Max, welcher einen römischen Winter im Besitztum seines Vaters zubringen wollte. Um die Staaten des neuen Italien zu vermeiden, welches er noch nicht anerkannt hatte, war er von Nizza zu Schiff nach Civita Vecchia und von dort mit der Eisenbahn nach Rom gefahren. Hier begrüßten ihn als die Opfer der großen Revolution, welche die Völker Italiens endlich vereinigte, seine aus Neapel vertriebenen Verwandten, der Exkönig Franz und dessen Gemalin, die Tochter des Herzogs Max von Baiern. Der Sohn fand ein anderes Rom, als jenes gewesen war, in welchem sein Vater sich zu hohen künstlerischen Entwürfen begeistert und die glücklichsten Tage seines Lebens zugebracht hatte. Die Stadt war zwar noch vom Papste beherrscht, aber bereits tief aufgeregt, und schon des nahen Augenblickes gewiß, wo auch sie sich mit dem italienischen Vaterlande vereinigen durfte. Es war nicht die Zeit für den König Max, unter den Ruinen des Altertums und in Kunstmuseen ungestört sich selbst zu leben. Schon in der ersten Woche des December rief ihn jene schleswig-holsteinische Krisis in sein Land zurück, welche auch für Deutschland der Beginn nationaler Wiedergeburt sein sollte. Der König gab ein Abschiedsdiner in der Villa, und hier sprach er die Hoffnung aus, bald nach Rom wiederzukehren. Sie erfüllte sich nicht, denn wenige Monate später starb der edle Fürst, am 10. März 1864, ein Mäcen wie sein geistvoller Vater, doch nicht mehr auf dem Gebiete der Kunst, sondern dem wichtiger gewordenen der Wissenschaft.

Der König Ludwig hat seine Villa zum letzten male im Jahre 1867 besucht und dort einige Zeit einsam gelebt. Er trug damals Schöpf auf, Thorwaldsens Mercur in Marmor auszuführen. Sein nahes Ende ahnend, nahm er Abschied von dem geliebten Rom, von den vaticanischen Museen, von seiner römischen Vergangenheit. Am Abend vor seiner Abreise trank er aus dem Brunnen Trevi, von tiefer Wehmut ergriffen, sodaß er weinen mußte. Der alte schöne Aberglaube, daß man nach Rom wiederkommt, wenn man beim Scheiden von der Ewigen Stadt aus jenem Wasser getrunken hat, bewahrheitete sich diesmal nicht. Der König starb zu Nizza, am 29. Febr. 1868. Von allen deutschen Fürsten, so viele deren die Geschichte kennt, hat keiner ein ähnliches, ausschließlich auf den Idealen des Kunstschönen gegründetes Verhältniß zu Italien und Rom gehabt. Vielleicht darf man behaupten, daß culturgeschichtliche Wirkungen dieser Art, welche von dort her auf deutsche Geister seit Winckelmann ausgegangen sind, mit jenem Könige ihren Abschluß gefunden haben.

Noch einige Jahre blieb die Villa Malta in ihren hergebrachten äußern Verhältnissen, obwol das Lebenslicht in ihr mit Ludwig erloschen war. Wie in der Vergangenheit, wurden jetzt wieder ihre Räume vermietet. Eine Zeit lang wohnte daselbst der bairische Gesandte Graf Tauffkirchen. Die Umwälzung aller Dinge in Rom nach dem Falle der päpstlichen Regierung im September 1870 und die Verwandlung der Ewigen Stadt in die Hauptstadt Italiens machten es endlich den Erben Ludwigs I. wünschenswert, ein Besitztum zu verkaufen, welches unpraktisch geworden war.

In den deutschen Künstlerkreisen hegte man einen Augenblick lang die Hoffnung, daß der preußische Staat oder das Deutsche Reich die Villa erwerben werde, um in ihr eine Akademie oder doch Ateliers für deutsche Künstler einzurichten. Für den letzten Zweck würde sie ausgereicht haben, für den ersten aber doch zu klein gewesen sein.

Am 19. Juni 1873 ging die Villa in den Besitz des Grafen Leon Bobrinski über, welcher seit vielen Jahren Rom zu seinem Aufenthalt gewählt hatte, gleich seinem

Freunde, dem Grafen Stroganow, und dieser hat sich in der Via Gregoriana unweit des ehemals von Humboldt und Kestner bewohnten Hauses einen schönen Palast aufgebaut. Die Villa Malta, erst skandinavisches, dann deutsches Besitztum, ist jetzt russisch, und der Pincio ein Quartier für russische Aristokraten geworden, sodaß die deutschen Traditionen dort verblassen. Selbst das berühmte Denkmal deutscher Kunst aus der Epoche ihres jugendlichen Aufschwunges in Rom, die Frescogemälde in der Casa Bartholdy, werden dort verschwinden, da man sie als nationale Urkunde deutscher Kunstgeschichte nach Berlin bringen wird.

Nach dem Verkaufe der Villa mußte Schöpf die Stätte verlassen, wo er so viele Jahre seines Lebens zugebracht hatte. Er zerschlug in Verzweiflung die Gipsmodelle seines Ateliers: bald darauf ist der treffliche Künstler in Gram gestorben.

Der Graf Bobrinski hat die Villa mit großem Kostenaufwande umgebaut. Ihr Aussehen ist so sehr verändert, daß man Mühe hat, ihre ehemalige Gestalt wiederzuerkennen, wie sie Bilder aus Ludwigs Zeit von Quaglio und Alston in der Neuen Pinakothek zeigen. Sie hat zwar nicht den Charakter der Villetta verloren, welchen sie ihres geringen Umfanges wegen behalten mußte, aber doch ihre alte Einfachheit eingebüßt. Mehrere Räume sind neu gebaut. Das obere Geschoß des Turmes ist durch romanische Säulenfenster verschönert, der große Saal mit einem reichen Plafond geschmückt und mit vornehmer Wohnlichkeit ausgestattet. Unten ist eine auf Marmorsäulen ruhende Halle erbaut, deren Fußboden mit

köstlicher Steinmosaik bedeckt ist. Der schönste Schmuck
dieser Halle ist ein kunstvoller Marmorkamin, welchen
der Graf aus dem Palast Altemps erworben hat. Einen
solchen Luxus hat das bescheidene Landhaus nie zuvor
gesehen. Selbst die Pferde edelster Rasse stehen in einem
Stall, der einem Saale gleicht.

Eine breitere Rampe führt jetzt zwischen blühenden
Ranken und Gebüschen aufwärts in den sorgsam gepflegten
Garten und zum Säulenportal der Villa. In diesem
Garten erinnern noch die Fontaine, einige ehrwürdige
Bäume, hohe alte Lorbern, die Pinie, drei Palmen, von
denen zwei vom Könige Ludwig gepflanzt worden sind,
an die alte Zeit. Ueberall umschlingen Rosen die Baum=
stämme. Der liebenswürdige Besitzer ist ein Rosenzüchter
von Passion; mehrere hundert Arten hat er dort cultivirt,
und seine Prachtexemplare erregen auf den Blumen=
ausstellungen die Bewunderung der Kenner.

So ist die Villa Malta zur Villa Bobrinski geworden,
doch bei all ihrer neuen, geschmackvollen Ausstattung trägt sie
noch immer einen unverwüstlichen Zug idyllischer Heimlichkeit.

Neben ihr nach der Porta Pinciana hin steht noch
unverändert die hohe Mauer der Villa Medici mit einem
großen Portal, und am Ende der Via Pinciana liegt
noch heute, wie zur Zeit Goethes, vor der innern Stadt=
mauer ein verwilderter Raum, wo Steinmetzen ihre Werk=
stätte aufgeschlagen haben. Auch das alte Stadttor, Belisa=
rischen Angedenkens, ist noch immer in Epheu und Grün
begraben. Aber der Villa Malta gegenüber hat sich alles
verändert; die hohen Mauern und die einst weltberühmten
Gärten der Ludovisi sind gefallen und für immer zerstört.

Das Gemälde dieser Zerstörung hätte wol verdient durch die Kunst auf die Nachwelt zu kommen. Wenn sich ein Salvatore Rosa gefunden hätte, so würde er ein classisches Bild davon entworfen und dasselbe „Verwüstung eines Paradieses" genannt haben. Der Umbau Roms konnte Künstlern viele Scenen solcher Art darbieten. Zwei von diesen haben einen unauslöschlichen Eindruck auf mich gemacht: der Anblick der zerstörten Cestischen Brücke mit ihren Trümmermassen, vom Mond beleuchtet, und jener der Villa Ludovisi, wo Schwärme von Arbeitern wie Zigeuner im Walde an Feuern lagerten, wo sie dann ihr Zerstörungswerk trieben, Bäume und Büsche fällten, Hermen, Statuen und Vasen niederlegten, Hügel abtrugen, Wege ausgruben, Karren und Wagen mit Schutt beluden, oder sie unter Staubwolken hinwegführten.

Bald wird ein neues Stadtviertel auf dieser Seite der Villa Malta alle Reize ländlicher Stille vernichtet haben. Ich will deshalb nicht behaupten, daß die Art des Speculanten auch über dem ehemaligen Besitztum Ludwigs von Baiern schwebt. Heute aber sieht es aus, als habe sich die Villa Malta in den Schutz der Villa Medici geflüchtet, an welche sie grenzt, und solange dieses herrliche Eigentum Frankreichs dauert, wird vielleicht auch jene fortbestehen. [1]

---

[1] Ich habe diese Blätter im Jahre 1888 geschrieben; ein Jahr später wurde die Porta Pinciana wieder geöffnet, und an die Stelle der ehemaligen Villa Ludovisi ist bereits das neue Stadtviertel mit breiten Straßen und Plätzen getreten.

Der Hegelianer Augusto Vera.
1887.

Dem bekannten Hegelianer Augusto Vera ein biographisches Denkmal zu setzen, dazu war vor vielen anderen Italienern Raffaele Mariano wol berufen.[1] Er ist sein vertrautester Schüler gewesen und von ihm in die deutsche Philosophie eingeweiht worden; er setzt den Kampf seines Meisters mutig fort, nicht nur gegen den Katholicismus in seiner unchristlichen Form als vaticanische oder päpstliche Religion, sondern auch gegen den Skepticismus und die religiöse Gleichgültigkeit der Italiener selbst. Freilich teilt der Schüler mit dem Lehrer dasselbe Schicksal des Predigers in der Wüste.

Mariano wurde vor zwei Jahren, wie ich annehmen darf, durch den Einfluß Veras, von der philosophischen Facultät der Universität Neapel auf den dort neu eingerichteten Lehrstul der Philosophie der Kirchengeschichte berufen, was im Lager der Papisten lauten Widerspruch hervorrief, aber dem unabhängigen Sinne jener Fakultät

---

[1] Augusto Vera, saggio biografico di Raffaele Mariano. Napoli, Antonio Morano, 1887. Dieser Biographie ist Veras bekannte Abhandlung „Il Cavour e libera chiesa in libero stato" beigefügt.

wie dem italienischen Cultusministerium zur Ehre gereichte. Durch manche seiner Schriften, zumal sein ins Deutsche übersetztes Buch „Christentum, Katholicismus und Civilisation" ist er auch bei uns als einer der vorurteilslosesten und tapfersten Schriftsteller Italiens auf dem Gebiet der philosophisch-religiösen Literatur bekannt. Durch die Biographie seines Lehrers hat er sich ein neues Recht auf unsere Sympathie erworben, denn einen gleich scharfsinnigen und gleich begeisterten Apostel, wie Vera, hat die Hegelsche Philosophie kaum im Auslande gehabt.

Wie sehr auch heute dies Denksystem seinen Ort am Horizonte des deutschen Geisteslebens verändert haben mag, so stand es doch zwei Decennien lang im Zenith desselben. Es hat viele Gebiete des Wissens belebend und reinigend durchdrungen, und zu seiner Zeit vielleicht mächtiger, wenn auch nicht nachhaltiger auf das allgemeine Bewußtsein eingewirkt, als ehedem die Philosophie des Leibniz, des Spinoza und Kants. Mit den Gedanken Hegels hat eine ganze Generation gedacht, oder sie ist doch in der Schule dieser speculativen Gymnastik erzogen worden. Wenn die heutige Generation nichts mehr davon wissen will und in das Hohngelächter Schopenhauers über Hegel einstimmt, so ist das ebenso undankbar als irrig. Ein philosophischer Charlatan hätte doch wol niemals die Wirkung auszuüben vermocht, welche Hegel in seiner Zeit und weit über Deutschland hinaus gehabt hat.

Vera ist eine Ausstralung der Hegelschen Idee gerade in dem Lande, welches für dieselbe am wenigsten empfänglich scheinen mußte. Er gehört zur Geschichte dieser Idee selbst und wird daher in ihr seine Stelle behaupten.

Dieser ausgezeichnete Mann war am 4. Mai 1813 in Amelia geboren, dem antiken Ameria, welches sich rühmt 381 Jahre älter zu sein, als Rom. Der kleine Ort liegt in der Provinz Umbrien, die erst durch Franciscus von Assisi, dann durch eine große Malerschule culturgeschichtliche Bedeutung erhalten hat. Beide Richtungen, die religiöse Mystik mit pantheistischem Anfluge und die ihr verwandte Kunst durchdringen die Atmosphäre dieses idyllischen Landes, und deshalb ist es wunderbar, daß dort ein Interpret der Hegelschen Encyklopädie entstanden ist.

Vera machte seine ersten Studien in Amelia, in Spello und Todi, und ging dann nach Rom, um an der Sapienza, nach dem Willen seines Vaters, aber wider seine eigene Neigung, die Rechte zu studiren. Unter Nibbys Leitung nahm er auch an dem Cursus über Archäologie teil, der einzigen Wissenschaft, die im päpstlichen Rom gepflegt wurde, weil sie den Geist der Forschung in einem Gebiete festhält, welches abgestorben ist und von den Ideen und Fragen der Gegenwart nicht berührt wird.

Unbefriedigt verließ Vera Rom nach einem und einem halben Jahre. Zufällige Verbindungen bewogen ihn, nach Frankreich auszuwandern, nicht als politischer Flüchtling, wie so viele seiner Landesgenossen seit der Erhebung der Romagna im Jahre 1831, sondern als ein wissensdurstiger fahrender Scholast, der sich in einer größeren Welt ausbilden und eine Stellung erringen wollte.

Seit dem Frühjahr 1835, wo er nach Paris kam, um zunächst an der Sorbonne zu studiren, begann Vera sein langes Vagantenleben in Frankreich, in der Schweiz und zuletzt in England. Er schloß sich keiner politischen

Partei seiner Landsleute im Exil an; er conspirirte nicht; er ging die einsamen Wege des Denkers, und sobald er zum Bewußtsein seiner Geisteskräfte gekommen war, schwebte ihm als preiswürdigste That des Patrioten die Aufgabe vor, seine Nation aus geistiger Lethargie durch das Denken zum neuen Leben aufzuerwecken. Er selbst streifte die Vorurteile nationaler Beschränkung ab, erweiterte seinen Gesichtskreis durch die Erfahrung fremder Volksgeister, gewann den freien Standpunkt des weltbürgerlichen Philosophen, ohne aufzuhören, Italiener zu sein. Er setzte sich in den vollen Besitz der französischen und englischen Sprache. Deutschland, dessen Philosophie seiner eigenen wissenschaftlichen Thätigkeit den festen Mittelpunkt geben sollte, hat er merkwürdigerweise nur in der Schweiz und am Rhein berührt. Er erlernte die deutsche Sprache, aber er sprach und schrieb sie nicht.

Nachdem Vera einige Zeit in Paris studirt hatte, übernahm er in dem Fellenbergschen Institut zu Hofwyl bei Bern die Stelle als Lehrer der lateinischen und französischen Literatur. Es war während seines einjährigen Aufenthaltes dort, daß er die erste Bekanntschaft mit der deutschen Philosophie machte und die Werke Kants zu lesen begann. Misverhältnisse zu Fellenberg, eine Folge des Widerspruchs in dogmatischen Fragen, veranlaßten ihn, von Hofwyl an das Institut Champels bei Genf zu gehen, und hier machte ihn sein College, ein deutscher Professor, auf die Schriften Hegels aufmerksam: ein Zufall, welcher dann dem ganzen geistigen Leben Veras die Gestalt gegeben hat.

Auch Genf hielt ihn nicht lange fest. Nach einem

größeren Wirkungskreise strebend, kehrte er nach Paris zurück. Hier trat er in Beziehungen zu Cousin, Henry Martin und Villemain, und übernahm im Jahre 1839 sein erstes öffentliches Amt in Frankreich, die Professur der Philosophie am Collège zu Mont de Marsan. Er wanderte seither von einem französischen Provinzialcollegium zum andern. Nach Toulon versetzt, veröffentlichte er im Jahre 1843 in der Revue du Lyonnais seine erste philosophische Schrift: Philosophie Allemande, Doctrine de Hégel. Von Toulon kam er nach Lille, wo er sich mit Thiers und der Familie Dosne befreundete. Im Jahre 1844 nahm er an der Sorbonne den Doctorgrad, aber sein enthusiastischer Hegelianismus erregte jetzt die Misgunst und den Widerspruch Cousins, welcher zur Richtung Schellings übergetreten war. Da sich ihm kein Platz in Paris selbst darbot, ging Vera an die Facultät in Limoges, sodann nach Rouen, und endlich nach Straßburg, wo er von 1850—1852 verblieb. Dort entschloß er sich, das an Geist gelähmte, unter den Bann eines neuen Napoleonischen Kaisertums geratene Frankreich aufzugeben, und nach dem freien England überzusiedeln.

Die acht Jahre, welche Vera in London verlebte, waren fruchtreich für seine wissenschaftlichen Fortschritte, aber nicht für seine praktische Lebensstellung. Zwar fand sein Wissen Anerkennung in den höchsten Kreisen der englischen Gesellschaft, allein der hegelianische Idealist konnte dort keinen Boden gewinnen. Seine Schrift Introduction à la philosophie de Hégel, welche auf Kosten des belgischen Gesandten in London, Van de Weyer, des Freundes des Königs Leopold, zu Straßburg im Druck erschien, erregte die Aufmerksamkeit des Prinz=Gemals Albert, des Kanzlers der Universität Cambridge und eifrigen Förderers gelehrter Vereine und Unternehmungen. Dieser wollte dem fremden Philosophen sogar die Erziehung seines Sohnes, des Prinzen von Wales, anvertrauen, dann einen Lehrstul an der Londoner Universität verschaffen; doch beide Absichten schlugen fehl. Vera konnte nur Vorlesungen in privaten Kreisen halten. Er wurde Mitarbeiter am Athenäum, und Miteigentümer des Litterariums; er veröffentlichte auch in englischer Sprache manche Abhandlungen, unter denen die Schrift on Speculative and Experimental Science Anerkennung fand.

Glücklicherweise wurde Vera durch die unverhoffte nationale Umwälzung seines Vaterlandes von der Gefahr befreit, seine seltenen Kräfte in einem aufreibenden Kampfe um sein Dasein in London zu verbrauchen. Am Ende des Jahres 1859 kehrte er nach Italien zurück. Cavour in Turin, dem er sich vorstellte, nahm wenig Interesse an ihm, aber der geniale Dichter, Philosoph und Staatsmann Terenzio Mamiani, welcher zu Anfange 1860 in dem neu gebildeten Cabinet von Cavour das Ministerium des Unterrichts erhalten hatte, bot ihm den Lehrstul der Philosophie an der wissenschaftlichen Akademie in Mailand an. Dort lehrte Vera zwei Jahre lang. Dann versetzte ihn De Sanctis, ein Anhänger des Hegelschen Systems, und damals Cultusminister, an die neu eingerichtete Universität Neapel.

Vera legte hier seinen Wanderstab nieder; in der zaubervollsten Stadt Italiens kam er zur Ruhe. War aber gerade sie eine Stätte für einen Apostel des deutschen Idealismus, für einen Philosophen überhaupt? Seit Pythagoras gilt Unteritalien als ein Land, welches wie kein anderes in Italien, Geister der Speculation erzeugt. Dieser Ruhm ist dann auf Neapel selbst übertragen worden, wo freilich im 18. Jahrhundert originelle Denker wie Vico und Filangieri geblüht haben; allein Campanella, Telesio, Vanini, Giordano Bruno waren zwar Süditaliener, doch nicht Neapolitaner von Geburt gewesen. Es müßte geradezu ein Wunder sein, wenn ihr Himmel, ihr Meer und ihr Land die Neapolitaner nicht mit Geist und Witz ausgestattet hätten, aber es würde vielleicht ein ebenso großes Wunder sein, wenn gerade dort ein Volk sich fände, welches für Logik und Metaphysik eine ausgesprochene Neigung besitzt. Auf diesen Boden des heitern Lebensgenusses, in eine Universität, welche unter dem bourbonischen Polizeistaat tief verkommen war, wollte Vera den Formalismus und Idealismus Hegels verpflanzen und die neue Generation zum strengen Denken erziehen. Selbst die Zeit war dafür ungünstig genug.

Zwar hatte in Italien das System Hegels bereits Freunde gefunden, wie Spaventa, De Sanctis und Salvetti, aber es wurde doch hier viel später bekannt, als in Frankreich, und erst zu einer Zeit, wo seine Wirkung in der Gedankenwelt überhaupt zum Stillstande gekommen und der Umschlag zur naturwissenschaftlichen Richtung eingetreten war. Auch mußte gerade damals in Italien die philosophische Speculation als ein unpraktischer Luxus vor den dringenden Aufgaben der Nationalpolitik und der Volkswirtschaft zurücktreten. Wenn Vera in jenen vierziger Jahren, welche er mit jugendlichem Mut in Frankreich verlebt hatte, den Lehrstul der Philosophie in Neapel hätte einnehmen können, so würde sein Erfolg ein ungleich größerer gewesen sein, als er es seit 1862 sein konnte. Er kam zu spät. Seine Mission als Hegelianer war ein Anachronismus geworden, in mehr als einem Sinne des Worts. Ich glaube, daß er dies erkannt und schwer genug empfunden hat.

Er vereinsamte in Neapel, in dieser Stadt der Improvisation, des Augenblicks und der stralenden Aeußerlichkeit, wo alles zur Coulisse und opernhaften Decoration wird. Von der dortigen Gesellschaft, die dem Idealisten nichts zu bieten hatte, zurückgezogen, lebte er als Eremit auf dem hochgelegenen Capodimonte, und von dort kam er in den letzten Jahren meist nur herab, nicht um wie Diogenes mit der Laterne Menschen zu suchen, sondern um in der Universität seine pflichtgemäßen Vorlesungen zu halten. Und doch war er von Frankreich und England her an einen reichen geistigen Verkehr gewöhnt, und selbst mit dem Talent der Conversation ausgestattet. Er war auch musikalisch gebildet, und in seiner Jugend ein so vortrefflicher Sänger, daß ihm einst Tonizetti sagte, er trage in seiner Kehle ein Kapital. Schon seine persönliche Erscheinung gab den Mann von kosmopolitischen Beziehungen zu erkennen, in welchem das nationalitalienische Wesen abgeschliffen war. Wie er früher seine Schriften in lateinischer, französischer und englischer Sprache geschrieben hatte, so fuhr er auch in Neapel fort, mit Vorliebe französisch zu schreiben. Von seinem langen Wandern in der Welt war ihm noch der Trieb der Veränderung zurückgeblieben, denn sehr häufig hat er seine Wohnung gewechselt.

Vera starb am 13. Juli 1885, einsam, enttäuscht, lebensmüde und nach langer Krankheit. Dem Verscheidenden, seines Geistes nicht mehr Bewußten, entrissen eingedrungene Priester, Vicare, ein Cardinal, den Widerruf seines eigenen Selbst. Dies war die Scene am Lager eines sterbenden Philosophen in Italien noch in unserer Zeit. Wenn sie auch nicht so schrecklich ist, wie das Ende des Giordano Bruno, so ist sie doch beschämend genug.

Augusto Vera hat mit heldenmütiger Ausdauer die Fahne des Ideals aufrecht gehalten, und schon deshalb ist er der höchsten Anerkennung wert. Er hat auch begeisterte Schüler gehabt, aber keine philosophische Schule zu stiften vermocht. Wenn man von einer solchen und zwar hegelianischen in Neapel redet, so kann damit nur im allgemeinen die nicht fruchtlose Wirksamkeit dieses Mannes bezeichnet werden, welcher sein Leben der Aufgabe gewidmet hatte, dem reformatorischen Ideengehalt der deutschen Philosophie in Italien Eingang zu verschaffen. Er bot seiner Nation als Evangelium die von ihm übersetzten und commentirten Werke Hegels dar, aber unglücklicherweise nicht in italienischer sondern in französischer Sprache, was seine eigenen Lebensumstände, sein langer Aufenthalt in Frankreich, und endlich die Zustände Italiens erklären. Seine Uebersetzung hat daher kein nationales Verhältniß zu diesem Lande, sondern die Bedeutung, daß sie das Verständniß des größten deutschen Denksystems seit Kant den romanischen Völkern überhaupt vermittelt hat.

In diesem Sinne begrüßte sie Karl Rosenkranz, welcher von ihr sagte: „Auch die romanischen Völker haben die größeren Schwierigkeiten, welche die Assimilation der Hegelschen Darstellung ihnen verursachen muß, allmählich zu überwinden gelernt. Unter den Männern, die sich hierin ausgezeichnet haben, ist vor allen der Italiener August Vera zu nennen, der das ganze System Hegels auf der Grundlage der Encyklopädie mit einem Commentar in französischer Sprache ausgearbeitet und dazu eine vortreffliche Einleitung geschrieben hat . . . Vera hat in englischer Sprache auch für die Engländer dem Verständniß Hegels Bahn zu brechen gesucht."

Wenn man sich vorstellt, welcher Aufwand von Kraft für einen Italiener nötig war, um die Eigenart des Hegelschen Gedankendialekts zu verstehen, welcher, aufrichtig gesagt, auch dem deutschesten Deutschen oft als eine philosophische Zigeunersprache erscheint, so reich, schön und schwungvoll auch diese Sprache Hegels im ganzen ist; wenn man endlich sich vorstellt, daß Vera für seine Uebersetzung das Französische wählen mußte, so wird man gestehen, daß er eine bewundernswerte That vollbracht hat, die in den Annalen der Weltliteratur nicht vergessen werden kann.

Die Stellung Veras als Philosoph ist damit gekennzeichnet: er ist der geistvollste Erklärer des Hegelschen Idealismus für die romanischen Nationen gewesen; in dem Dienst dieser Mission ist er fast durchaus stehen geblieben. Dies ist zugleich seine Beschränkung. Er kann daher nicht mit seinem Zeitgenossen Karl Ludwig Michelet, dem deutschen Hegelianer par excellence, verglichen werden, der ihm an Originalität und Vielseitigkeit überlegen war. Die Hingabe des Italieners an die Doctrin Hegels ist vielleicht der stärkste Beweis von der Macht, welche diese auf das Denken Europas ausgeübt hat.

Vera suchte von Neapel aus sein Verhältniß als Philosoph zu dem neuen Italien und dessen sittlicher Wiedergeburt. Hier fand er keine Anwendung seiner Ueberzeugungen, und er täuschte sich in seinen Hoffnungen, weil der Strom der Zeit einen anderen Lauf nahm und dem einsamen, speculativen Denker vorüberging. Als David Strauß seinen Uebertritt aus dem Lager Hegels zur neuen darwinistischen Weltanschauung durch sein Bekenntniß „Der alte und der neue Glaube" offenkundig machte, schrieb Vera die Schrift: Strauss et l'ancienne et la nouvelle foi (Neapel 1873). Strauß war bei der Erkenntniß angelangt, daß die positive Religion wie der philosophische Idealismus im Zeitalter der empirischen Wissenschaften dem Bankrott entgegengehen und einer neuen Auffassung des Lebens weichen müssen. Er construirte sich einen neuen ästhetischen Staat; er wollte den alten Glauben durch einen schönen Schein ersetzen, durch den Cultus des Genies und der Kunst und die Aristokratie der Bildung. Vera dagegen hielt am Christentum fest. Noch in seinem letzten Briefe an seinen Biographen erklärte er: „die Hegelsche Philosophie ist, was man auch sagen wolle, die einzige wahre Philosophie, weil sie in ihrem Wesen und im tiefsten Sinne des Christentums religiös ist."

Selbst die Trinität paßte in sein System. Dies
große Kunststück des dialektischen Seiltanzes entlehnte er
freilich nicht aus dem kirchlichen Dogma, der müßigen
Ausgeburt mönchischer Grübelei, welche die einfache Lehre
Christi zu einem Zerrbilde verunstaltet hat, sondern er
hielt sich an die gekünstelte Triasidee Hegels von der
Entfaltung des absoluten Geistes, der sich selbst in der
Welt entäußert, um dann seinen Gegensatz wieder in sich
zurückzunehmen.

Durchaus wie Hegel ging Vera von dem Grundsatze
aus, daß die Religion wol ohne Philosophie, aber die
Philosophie nicht ohne Religion sein kann, vielmehr diese
in sich schließt. Die Kirche ohne Geistesfreiheit war ihm
nur ein Institut der Knechtschaft und Erniedrigung.
Die katholische Kirche hatte die Religion in der Priester=
kaste monopolisirt, und der Laienwelt keinen anderen
Anteil daran gelassen, als den blinden Glauben an das
für das Denken unerreichbare Mysterium; die Refor=
mation aber hatte die Religion dem Wissen und Gewissen
des Menschen zurückgegeben und zu seiner eigenen inneren
That gemacht. Vera erkannte daher in der Reformation
die größte Umwälzung der Menschheit seit der Entstehung
des Christentums. In Luther sah er mit vollem Recht
die höchste Offenbarung des deutschen Geistes; nächst
Luther aber gab er, durch seinen speculativen Enthusias=
mus dazu verführt, die vornehmste Stelle Hegel, welcher
in der Sphäre der philosophischen Idee das Werk jenes
nationalen Reformators vollendet habe.

Indem er nun als Denker den geistigen Gehalt des
seit 1860 neu geschaffenen Italiens beurteilte, wandte er

auf ihn die Erfahrungen der deutschen Reformation an, und er wiederholte den Satz Hegels, daß eine politische Revolution nur dann ein Volk wahrhaft erneuere, wenn sie mit der religiösen Revolution verbunden sei. Die nationale und politische Einheit war ihm nicht das Ziel seines Vaterlandes; sie erschien ihm nur als eine leere Form ohne Inhalt. Der Staat war das Untergeordnete, das Höchste der durch die Religion bestimmte Volksgeist. Im Angesicht der Teilnahmlosigkeit der Italiener an allen Fragen der Religion verzweifelte er an der Wiedergeburt seiner Nation. Dies hat Vera mit rücksichtslosem, patriotischem Freimut ausgesprochen.

Als das schwere Problem des Verhältnisses des neuen Einheitsstaats zur Kirche, oder, was hier dasselbe ist, zum Papsttum, an die Italiener herantrat, stellte Cavour die Zauberformel auf: „Freie Kirche im freien Staat". Diese berühmte Maxime ist dann von den einen als der tiefsinnige Orakelspruch der Neuzeit verherrlicht, von den anderen als eine blendende Phrase verspottet worden. Wer sie ohne Vorurteil untersucht, wird urteilen, daß ihre praktische Durchführbarkeit bei der heutigen politischen und sozialen Verfassung Europas mehr als schwierig, vielleicht sogar der Freiheit selbst gefährlich ist, und daß sie deshalb bei uns dem Reich der Ideale angehört. Aber er wird eingestehen, daß, weil sie einen idealen Zustand der Gesellschaft voraussetzt, eine ideale Wahrheit in ihr enthalten ist.

Die christliche Kirche ist ihrem Ursprunge nach staatslos gewesen; sie ist als Gemeinde oder als freie Vereinigung von Gläubigen in der Gesellschaft entstanden, und zwar im Widerspruch zum Staat. Erst der Constantinismus hat sie verstaatlicht und zur Reichskirche gemacht. Das germanische Mittelalter feudalisirte sie. Als sich sodann das Papsttum aus ihr als geistige Universalmacht erhob, kämpfte dasselbe Jahrhunderte lang mit dem Kaisertum; der Gegenstand dieses großen Kampfes war auf der einen Seite die Freiheit der Kirche vom Staat, auf der anderen die Freiheit des Staats von der Bevormundung durch die Kirche. Diese wurde frei, nicht jener. Die Reformation setzte den Kampf auf der ganzen Schlachtlinie weiter fort: sie hob den Feudalismus in der Kirche auf, säcularisirte die Priesterstaaten, trennte die evangelische Kirche vom Papsttum, aber sie machte den Landesherrn zum kirchlichen Oberhaupt. Die protestantische Kirche wurde dem Organismus des Staats eingefügt. Nur in Amerika ist die Kirche vom Staate frei und sie gehört der Gemeinde und Gesellschaft an. In Europa wird erst der Beweis zu liefern sein, ob die große Formel „freie Kirche im freien Staat" hier eine Zukunft haben kann oder nicht.

Die Italiener waren daran gewöhnt, das Papsttum oder die Kirche ihres Landes wesentlich als eine politische Institution anzusehen; die Hauptsache für sie blieb daher die Beseitigung des Kirchenstaats, welcher bisher ihre nationale Einheit unmöglich gemacht hatte. Alles Uebrige, Concil, Infallibilität, dogmatische und hierarchische Fragen ließen sie gleichgültig. Sie wollten nichts mit der Religion zu thun haben. Vera erhob sich dagegen mit seiner Schrift: „Cavour und freie Kirche im freien Staat". Sie machte trotz ihrer schweren scholastischen Form Auf-

sehen, zumal draußen. Treitschke, der Bewunderer
Cavours, schrieb darüber eine Kritik, welche Vera
wiederum in einer zweiten Ausgabe seiner Abhandlung
einer Kritik unterzog. Er selbst nannte seine Schrift sein
politisches Testament, und ob man mit ihr übereinstimmen
mag oder nicht, dies ist sicher, daß sie das Werk eines
Denkers ist. Er suchte darin nachzuweisen, daß der
größte Staatsmann Italiens das religiöse Problem nicht
erfaßt, und deshalb auch das Problem der nationalen
Wiedergeburt nicht begriffen habe.

Allein zugegeben, daß jene Formel für Cavour zunächst
nur ein Notbehelf war, so darf man ihm doch nicht zum
Vorwurfe machen, daß er einem Problem vorbeiging,
dessen Lösung nimmer das Werk der Staatskunst und
der Staatsmänner, sondern nur die sittliche That des
Genius der Nation selber sein konnte. Er durfte ruhig
behaupten, daß er nicht zum Reformator der Religion
seines Landes berufen sei. Er hätte auf das Beispiel
Savonarolas verweisen können, welcher in Florenz zu
Grunde ging, weil er zu gleicher Zeit den Staat und
die Kirche reformieren wollte. Ob aber in Zukunft noch
ein Reformator der italienischen Kirche erscheinen wird,
ist wenigstens heute so ungewiß, wie es gewiß ist, daß
eine solche Reformation niemals das Werk abstracter
Metaphysik sein kann.

Indem Vera die religiöse Verfassung der lateinischen
und germanischen Völker charakterisirte, kam er zu dem
Schluß, daß unter ihnen Italien die unterste Stufe der
Religion einnehme. Mit dem kühnsten Freimut hat er
sich darüber so ausgesprochen: „Der italienische Katho=

licismus steht dem Heidentum am nächsten, und in diesem Sinne darf man sagen, daß er die Irreligion in der christlichen Religion ist . . . Es kann seltsam erscheinen, daß Italien, der Sitz des Papsttums, in gewisser Weise der Sitz der Irreligion ist, und doch ist dem so; wenigstens sehe ich das so an, und ich glaube mich nicht zu täuschen. Der Italiener verhält sich zur Religion gedankenlos; entweder verspottet er dieselbe, oder er unterwirft sich duldend und blind der Kirche."

Den höchsten Aufschwung des religiösen Bewußtseins der Italiener sah Vera in der Kunst, und diese ist nach ihm eine Reproduction der heidnischen Antike im Christentum. Selbst Dante nannte er vom Standpunkt der Religion aus einen irreligiösen Dichter, welcher im Bewußtsein der Italiener den religiösen Skepticismus erzeugt habe. Die Göttliche Komödie sei ein Gemisch von Heidentum und Christentum. Wenn Dante seinen Begleiter Virgil an der Schwelle des Paradieses verabschiedet, so ist das eine Inconsequenz und Undankbarkeit. Man sieht nicht ein, weshalb Virgil, der doch die Hölle und das Purgatorium durchwandern durfte, mit Dante nicht auch das Paradies beschreiten dürfe. „Daher ist Beatrice, übrigens selbst eine Reminiscenz der Antike, nämlich der Diotima des Platon, eine überflüssige Person, denn Virgil hätte seinen Weg fortsetzen müssen, und so würde das Gemisch von Heidentum und Christentum vollständiger geworden sein."

Ich habe diese Urteile Veras angeführt, um darzuthun, wie einseitig sie sind, wie unrichtig die Auffassung ist, daß das Christentum eine wie vom Himmel gefallene ganz neue Geisteswelt hätte sein sollen, die nichts mehr mit der Antike zu thun habe. Die philosophische Größe Dantes besteht gerade darin, daß er den Zusammenhang beider Culturen und Religionen der Menschheit erfaßt hat. Gerade in dem unhöflichen Abschiede, welchen er seinem Führer Virgil an den Pforten des Paradieses gibt, habe ich immer die Consequenz seines Gedankens bewundert. Denn der christliche oder moderne Culturmensch hat vor dem heidnischen Weisen, seinem Lehrer, Sphären des Wissens und der Ideen voraus, zu denen der antike Mensch nicht emporgestiegen ist. Darum wird für Virgil der Vorhang vor den letzten Mysterien der Vollendung nicht aufgehoben, sondern er kehrt in die geschichtliche Endlichkeit zurück.

Vom französischen Katholicismus sagt Vera, daß er dem italienischen vorausgeschritten ist, weil er die Verneinung und das Denken in sich aufgenommen hat. Aber aus dem unruhigen Genie der Franzosen, deren Natur zwischen dem Katholicismus und seiner Negation, der Revolution, hin und her schwanke, entspringt nach seiner Ansicht die Unfähigkeit sich zur Reformation zu erheben, wie das England und Deutschland vermocht haben. In dem Geiste der religiösen Freiheit dieser beiden Nationen erkannte Vera nicht nur die Grundlage ihres allgemeinen Fortschrittes in der Cultur, sondern auch das neue Leben des Christentums überhaupt. Nur blieb, nach seiner Meinung, der englische Protestantismus hinter dem deutschen zurück, weil ihm die philosophische Idealität fehlt. Er nannte ihn einen politischen und utilitarischen Protestantismus, der zwar die Freiheit des Gedankens im Princip annehme, aber die Philosophie von ihm zurückweise.

Das Ideal für Vera war das protestantische Deutschland. In der Machtfülle, zu welcher unser Vaterland seit 1870 als ein humanes, auf moralischer und wissenschaftlicher Grundlage ruhendes Nationalreich sich zu erheben vermochte, erkannte er die Bestätigung seines Satzes, daß es die Freiheit des religiösen Geistes sei, was Völker erneuere und groß mache. Er wies immer wieder auf Luther hin, der in einer der erhabensten Scenen der Weltgeschichte, auf dem Reichstage zu Worms, den Mächtigen der Erde das non possumus der reinen Vernunft entgegengestellt hatte. „An diesem non possumus Luthers hat sich der freie und tiefe deutsche Gedanke entzündet, welcher die Sphären der Religion und Philosophie gereinigt hat, sie noch in Bewegung setzt und, soweit das möglich ist, die Religion zur Philosophie erhoben hat."

Trotz seiner langen Verbindung mit Frankreich und seiner Beziehung zu den bedeutendsten Männern dort wie Thiers, Renan, Taine u. s. w., machte Vera aus seiner Genugthuung über die Siege des „philosophischen Heeres" keinen Hehl. Als Patriot erkannte er, daß Frankreich sein europäisches Uebergewicht für immer verlieren müsse, wenn Italien seine politische und geistige Unabhängigkeit gewinnen solle. Als Philosoph begrüßte er in der Wiederauferstehung des Deutschen Reichs unter einem protestantischen Kaiser den Triumph der Reformation über Jesuitismus und Papismus, und die Sicherstellung des modernen Culturprincips auf der Grundlage des nicht blos durch seine bewaffnete Volkskraft stärksten Staates Europas.

Dies war freilich die höchste Errungenschaft, die wir aus dem Riesenkampfe mit Frankreich davongetragen haben. Um ihretwillen haben uns alle Denkenden, welcher misgünstigen Nation sie auch angehören mochten, unsere Erfolge schließlich verzeihen müssen.

Das Wesentliche für uns ist nicht dies, daß wir der Welt ein Schauspiel militärischer Kraft ohnegleichen gegeben, in Zeiten der politischen Ohnmacht und Zerrissenheit verlorene deutsche Provinzen zurückerobert und die getrennten Stämme zu einem Bundesstaat von 46 Millionen vereinigt haben. Das Wesentliche vielmehr liegt noch vor uns, und dies ist: darzuthun, wie dieses neue, nationale Reich der Ausdruck eines geistigen Culturprincips sei, welches einen Fortschritt in der Entwicklung der Menschheit bezeichnet und deshalb geschichtlich notwendig ist. An dem Tage, wo Deutschland diesen Beweis der Welt schuldig bleibt, indem es von der Idealität abfällt, wird auch das Reich das Recht seines Daseins verlieren und wieder kläglich zu Grunde gehen. Dies fürchtete Vera in der letzten Zeit — ich hoffe ohne Grund. — Ich werde mich in seinem Sinne ausdrücken, wenn ich sage: er fürchtete in Deutschland den Abfall von der Philosophie in die einseitige Realpolitik.

Er folgte mit Aufmerksamkeit den Phasen des sogenannten Culturkampfes, welcher erst mit ungeschicktem Ungestüm begonnen wurde und dann schrittweise zu Niederlagen führte. Wenn er nun die Gleichgültigkeit seines eigenen Volks gegen die Kirche und die Religion verdammte, so hätte er doch gerecht sein sollen zu bekennen, daß sich Italien immerhin in einer glücklicheren Lage befand als Deutschland. Es ist nicht durch den Gegensatz zweier Kirchen zerspalten, und die aus jener von Vera verurteilten Formel Cavours entlehnte Richtschnur hat Italien vor inneren Kämpfen kirchlicher Natur bewahrt.

Indem der italienische Staat die Freiheit aller Glaubensbekenntnisse anerkannte, das Garantiegesetz aufstellte, den Papst und die Kirche sich selbst überließ, zwar die Kirchengüter einzog und den Klöstern die Rechte der moralischen Person nahm, sonst aber jeden Kampf mit der Curie vermied, gewann er die Zeit, sich selbst national einzurichten und zu befestigen. So vollzog sich die in der Geschichte unerhörte Thatsache, daß der als weltlicher Fürst gewaltsam enttronte Papst, statt ins Exil zu gehen, in Rom, der Hauptstadt des neuen Einheitsstaats, seinen Sitz behielt, und daß er trotz seiner selbstgewählten Verbannung in den Vatican dort vollkommen unabhängig ist. Daß er dies ist, hat nicht nur das letzte Conclave, das freieste, welches die Geschichte kennt, sondern jede Handlung des Nachfolgers Pius' IX. unwiderleglich dargethan.

Zugleich hat diese Freiheit, durch welche der Papst verhindert wird, zum Daniel in der Löwengrube oder zum Martyrer zu werden, den Beweis geliefert, daß er augenblicklich keine italienische Macht mehr ist, daß sein Widerspruch gegen den Einheitsstaat mit Rom als Hauptstadt für Italien selbst ungefährlich ist. Denn die politische Bedeutung, welche das Papsttum bis 1871 noch gehabt hat, ist mit dem Kirchenstaat erloschen, die nationale Monarchie aber mit einer solchen Schnelligkeit an die Stelle der Kleinstaaterei getreten, daß dies wunderbar erscheinen könnte, obwol es sehr begreiflich ist. Der abenteuerliche Gedanke des Friedens zu Villafranca, eine italienische Staatenkonföderation unter dem Vorsitze des Papstes zu bilden, machte ohne Schwierigkeit dem Einheitsstaat unter dem Hause Savoyen Platz. Die gestürzten Dynastien Italiens ließen keinen gefährlichen Anhang in ihren Ländern zurück; die wenigen ehemals selbständigen Staaten, Neapel und Sicilien nicht ausgenommen, verwandelten sich ohne Widerstand in Provinzen und Regierungsbezirke, da weder ihre dynastische Gewohnheit noch ihr Stammgefühl eine geschichtliche Kraft besaß wie in Deutschland, wo alte einheimische Fürstengeschlechter die Anhänglichkeit und Liebe ihrer Länder besitzen. Eine Welfenpartei hätte in keiner Weise in Toscana oder Neapel entstehen können.

Das indifferente Verhalten der Italiener endlich zur Kirche läßt auch keine Reaction des kirchlichen Fanatismus entstehen. Da der Papst und die Kirche vollkommene Freiheit genießen, kann der italienische Staat ruhig erklären, daß er nicht mit ihnen in Feindschaft lebe, und auch ruhig die Zeit abwarten, wo der Papst die vollendete Thatsache der italienischen Revolution anerkennt und auf seine ehemaligen politischen Rechte verzichtet, die unwiederbringlich verloren sind. Zuletzt wird denn doch die Fortsetzung der vaticanischen Gefangenschaft unmöglich sein, weil sie unwahr und zwecklos, und deshalb lächerlich, und weil sie langweilig, und deshalb unerträglich werden muß. Auch der grollende Achill ist schließlich aus seinem Zelte wieder herausgekommen. Ein herauskommender

Papst aber, welcher weise, mutig und hochherzig genug sein wird, dem Plunder des weltlichen Purpurs für immer zu entsagen und der italienischen Nation aufrichtig die Hand zur Versöhnung zu reichen, wird in der Geschichte größer dastehen, als Julius II., der Gründer des Kirchenstaats, und die Italiener selbst werden ihn zu den Sternen erheben.

Im Deutschen Reich ist der Papst heute eine stärkere und gefährlichere Macht, als in Italien, seinem eigenen Sitz, dem Sitze der Irreligiosität, wie Vera behauptet hat. Wir haben diese Macht schließlich aus eigener Schwäche und deshalb aus dem Bedürfniß sie zu gewinnen, noch künstlich gesteigert. Das Deutsche Reich hat mit Schwierigkeiten zu rechnen, welche Italien erspart sind. Es gränzt an alles, was ihm feindlich ist. Jeden Augenblick kann es eine Combination fürchten, welche es schweren Kriegen mit Frankreich und Rußland aussetzt. Unser Einheitsgefühl ist noch heute nicht nur schwächer, als das der Franzosen, sondern auch der Italiener. Im Innern sind wir mit den geschichtlich ererbten religiösen Gegensätzen des Protestantismus und Katholicismus behaftet. Wenn diese auch nicht mehr so scharf gegeneinander stehen, daß sie das Reich in neue Religionskriege stürzen können, so sind sie doch durch die ausgleichende Macht des modernen Staats, des Rechts, der Bildung und Humanität noch immer nicht überwunden. Es bestehen bei uns noch immer zwei getrennte Weltanschauungen, man darf sagen, zwei verschiedene Culturen fort. Wenn wir ihre beiden Parteien heute nicht mehr mit den Namen Guelfen und Ghibellinen oder mit denen

des Kaisers und Papsts bezeichnen, so stammen sie doch
von diesen feindlichen Polen unserer Vergangenheit ab.
Die physiognomischen Eigenheiten der Ahnen, ihre guten
und bösen Anlagen, und selbst ihre Schicksale erscheinen
in Enkeln wieder. Das Reich mit einer protestantischen
Spitze ist allen Anhängern des absoluten Papsttums ver=
haßt, und die eingefleischten Fanatiker des kirchlichen
Ideals des Mittelalters würden jenes wahrscheinlich ohne
jede patriotische Empfindung zerfallen sehen, wenn nur
der Papst dadurch wieder zum Gebieter der Welt würde,
wie Gregor VII. oder Innocenz III. es gewesen sind.

Es gab eine Zeit, wo Bismarck, der staatsmännische
Luther unserer politischen Reformation, öffentlich bekannte,
daß der Papst der Feind des Staates und Reiches sei.
Er sprach auch das berühmte Wort aus: „Nach Canossa
gehen wir nicht." Allein der große Kanzler ist seither
mehr als einmal in Canossa zu freundschaftlichem Besuch
gewesen, und er hat endlich den Beweis geliefert, daß die
Papstkirche nicht durch staatliche Mittel oder durch Po=
lizeimaßregeln zu überwinden ist. Das hatte Cavour
früher und vorweg gewußt. Um sich Canossa zu er=
sparen, schrieb er auf seine Visitenkarte lieber flott weg
das schöne Motto: „Freie Kirche im freien Staat". Die
Kirche wird groß durch Verfolgungen. Das ist ihr
Privilegium. Ferner, sie kann warten. Die Zeit ist
gleichgiltig für sie. Aber jede politische Regierung lebt
von der Hand zum Munde, und sie muß mit jeder
Minute rechnen und combinieren.

Das allmäliche Verlassen der Stellung, welche Bis=
marck gegen die römische Curie genommen hatte, mußte

viele Italiener mit Furcht und Zweifel erfüllen; denn
das Deutsche Reich mit einer protestantischen Dynastie
war der natürliche Verbündete des einigen Italiens gegen
jede mögliche Reaction zu gunsten der Herstellung des
politischen Papsttums. Vera verfolgte mit steigendem
Mistrauen die immer größere Annäherung der preußischen
Regierung an den Vatican, und die immer entschiedenere
Politik der Versöhnung mit dem Papst. Immer im
Aether des Idealismus schwebend, und ohne Rücksicht auf
die realen Verhältnisse zu nehmen, entrüstete ihn sogar
der Besuch des deutschen Kronprinzen beim Papst am
Ende des Jahres 1883. In einem Briefe an mich
nannte er diesen Act der Höflichkeit „einen Schlag ins
Gesicht Luthers und der ganzen germanischen Cultur".

An Mariano schrieb er noch rückhaltsloser: „Auch
Deutschland hat seine Art des Jesuitismus, und diese ist
um so widerwärtiger, als jeder Deutsche sich für einen
Nachkommen Luthers ausgibt. Ich glaube, daß die
heroischen Zeiten des religiösen Bewußtseins und Denkens
für Deutschland vorüber sind. Was Bismarck betrifft,
so scheint es mir, daß er mit jedem Schritte weiter auch
tiefer herabsteigt, und daß er sich, sei es aus eigener
Schuld oder aus Schuld der veränderten Verhältnisse
immer mehr dem Maße des Diplomaten nähert."

Veras Biograph macht dazu folgende Bemerkung:
„Wie weit dies Urteil das Wahre getroffen hat, konnte
man ein paar Monate nach seinem Tode erkennen, als
der Reichskanzler den Papst zum Schiedsrichter des
Streites über die Carolinen zwischen Deutschland und
Spanien machte. Und was würde Vera gesagt haben,

wenn er bis zum August 1886 gelebt und erfahren hätte, daß bei der Feier des 500jährigen Jubiläums der Universität Heidelberg. des ehemaligen großen Centrums der Reformation, die Ehrenstelle Leo dem XIII. gegeben wurde, diesem Papst, welcher fortan in der Geschichte als der Wiederhersteller und größte Lobredner des Jesuitismus dastehen wird?"

Ich will hier für Vera antworten. Wenn unser verstorbener Freund leidenschaftslos geurteilt hätte, so würde er gesagt haben: daß die Teilnahme eines Papsts an dem Feste des Geistes und der Wissenschaft in einer großen deutschen Universität überhaupt ein erfreuliches Zeugniß der fortgeschrittenen Humanität gewesen ist. Und wenn der päpstliche Abgesandte dort die erste Stelle unter den Gratulanten erhielt, so würde sich Vera dabei an die allgemeine Sitte officieller Galanterie erinnert haben, wonach Nuntien des Papstes der Vorrang gegeben wird.

Ich glaube auch nicht, daß der Hegelianer Vera die Ansicht seines Schülers gutgeheißen hätte, welcher noch diesen kühnen Satz hinzugefügt hat: „Teutschland ist durch seine politische und materielle Größe verblendet, und schwindet moralisch dahin; so ungefähr würde sich heute Vera, und nicht ganz ohne Grund, ausgedrückt haben." Was aber hätten wir noch im Namen dieses Philosophen zu hören bekommen, wenn Mariano, als er jenen Satz niederschrieb, schon die neueste Promovirung des Papstes erfahren hätte, nämlich zum Schiedsrichter nicht über die Besetzung wilder oceanischer Inseln, sondern über die innersten deutschen Angelegenheiten, zum Dictator und Gesetzgeber einer Reichstagspartei.

So übertrieben jene Urteile intelligenter Italiener auch sind, es sind immer Urteile von Denkern, welche Deutschland als den Altar der Geistesfreiheit verehren, und sie thun dar: daß unsere kirchliche Politik die Stelle bezeichnet, wo Siegfried verwundbar ist, daß unsere Staatskunst hier große Irrtümer begangen, den verdienten Vorwurf der Inconsequenz sich zugezogen und eine Niederlage erlitten hat.

Das Beste, was wir thun konnten, war: den Irrtum einsehen und dem Culturkampf ein Ende machen. Wir bieten den Frieden an, aber es ist zu fürchten, daß er uns teuer zu stehen kommen, und doch nur ein fauler Friede sein wird. Die Versöhnung ist wünschenswert, wenn sie auch uns, und nicht blos den Papst zufrieden stellt. Mit solchem Jubel aber haben wir den Spieß umgedreht, daß es ein Wunder ist. Ein besonnener Beobachter braucht deshalb noch nicht ein Spötter zu sein, wenn er dabei kühl und ungläubig bleibt und den alten Bibelspruch wiederholt: Aethiops senex non demittit pellem suam, nec pardus, quando senescit, diversitatem. Zwar haben wir jetzt den Papst förmlich zum Freunde des Deutschen Reichs erklärt, allein diese Freundschaft setzt, wenn sie wahr sein soll, ein neues, ideales Papsttum voraus. Ich meine ein solches, welches die Geistesfreiheit in sich aufgenommen hat, nicht mehr allein herrschen will, nicht mehr die Reformation als Werk des Teufels und die Protestanten als zur ewigen Verdammniß verurteilte Ketzer betrachtet, sondern die evangelische Kirche als eine legitime Tochter der apostolischen Kirche anerkennt.

Wenn ein solches Papsttum erst erfunden ist, dann wird auch der Protestantismus aus dem Stande des Mistrauens, der Notwehr und des Kampfes mit der Papstkirche und ihren mächtigen Organen erlöst sein, und er wird sich mit den Katholiken dazu vereinigen, aus dem vergeistigten Papsttum ein höchstes Friedenstribunal der streitenden Menschheit zu machen. Noch sind wir nicht so weit, und noch immer haben wir in unserem neuen Reich das Werk der Reformation, welcher Deutschland alles verdankt, was seit drei Jahrhunderten in seiner Cultur groß und unsterblich ist, gegen die rastlosen Angriffe seiner Feinde sicher zu stellen. So lange wird wol auch das Wort jenes unsterblichen Hohenstaufenkaisers geltend bleiben, welcher bei der Nachricht, daß der ihm befreundete Cardinal Fieschi zum Papst gewählt worden sei, erschreckt ausrief: „Ich habe einen Freund verloren, denn kein Papst kann Ghibelline sein." Nullus papa potest esse gibellinus.

Clemens August Alertz.

1866.

> Questa fortuna, di che tu mi tocche,
> Che ò, che i ben del mondo ha si tra branche? — —
> Volve sua spera, e beata si gode.   **Dante.**

Die deutsche Colonie in Rom, noch heute die zahl=
reichste aller hier angesiedelten Fremdencolonien, verlor
das Mitglied, welches seit 30 Jahren ihre Zierde war,
einen edeln Mann und berühmten Arzt. Seinen zahl=
reichen Freunden im Vaterlande gebe ich Kunde von unserem
Verlust, wie von der Liebe und Ehre, die wir ihm ge=
widmet haben. Er war zuletzt wie ein Patriarch unter uns,
ein würdiger Vertreter der deutschen Nation in Rom.
Dies kleine Lebensbild von ihm mag auch in der Heimat
manchen anregen, es zu vervollständigen, ehe der Todte
vergessen ist. Denn das Andenken auch des besten Mannes
erlischt schnell, zumal wenn sein Wirken sich nicht über
die Gegenwart seines eigenen Lebens forterstrecken kann.

Clemens August Alertz war im Januar 1800 in der
Reichsstadt Aachen geboren, aus einem dort einheimischen
Geschlecht, welches mit ihm selbst ausgestorben ist. Sein
Vater war Arzt. Seine Kindheit fiel in die Zeit des
Umsturzes des Teutschen Reichs durch Napoleon. Diese
Erinnerung und im fernen Hintergrunde die Gestalt

Karls des Großen flößten ihm die lebhafteste Neigung für Geschichte ein, welcher er bis an sein Ende treu geblieben ist. Seine Jugend war mühevoll, wie sein ganzes Leben. Mit 13 Jahren elternlos, fand er Aufnahme in der Pepiniere zu Berlin, wo er sich zum Militärarzte ausbildete. Als solcher erhielt er Anstellung in Stralsund. Später wurde er Badearzt in seiner Vaterstadt und prakticirte dort bis zum Jahre 1836.

Dies Jahr entschied seine Zukunft. Der kranke Prinz Heinrich von Preußen war nach Rom gekommen. Hier verblieb er bis an sein Lebensende, in einem Hause am Corso wohnend. An den Gliedern gelähmt, an sein Bette gefesselt, brachte er seine freudenlosen Tage mit der Lectüre von Büchern hin, welche in ungeordneten Haufen neben ihm lagen, so daß er ohne Mühe und aufs Geratewol in sie hineinzugreifen pflegte. Noch heute dauert seine Bibliothek in Rom, seinem Vermächtniß gemäß, in zwei Teile geteilt, wovon einer im Palast Cafarelli aufbewahrt wird, der andere an die Bibliothek der Villa Malta, welche dem König Ludwig von Baiern gehört, gekommen ist. Adjutant des Prinzen war der General von Lepel, ein wissenschaftlich gebildeter Mann, und bei ihm befand sich eine Zeit lang auch Herr von Moltke, damals ein unscheinbarer Offizier, heute in der Welt gefeiert als das strategische Genie unserer Zeit. Es war damals Papst: Gregor XVI. Cappellari von Belluno seit 1831. Gregor litt an einem krebsartigen Uebel an der Nase (sie war sehr groß; die Römer bespöttelten sie mit antiken Namen). Die italienischen Aerzte verzweifelten an der Heilung. Nun fügte es der

Zufall, daß der General von Lepel durch Alertz in Aachen von einem ähnlichen Uebel geheilt worden war. Dies veranlaßte ihn, den jungen Arzt nach Rom zu ziehen. Er schlug ihn dem Papst vor, und dieser ging nach langem Bedenken auf den Versuch ein. Alertz kam widerwillig, um bis an sein Lebensende in Rom zu bleiben.

Seine schöne männliche Gestalt machte hier den günstigsten Eindruck, wo man mehr als sonstwo körperliche Schönheit als göttliche Gabe im Preise hält. Seine gewinnende Persönlichkeit durchbrach im Vatican die Hindernisse der Coterie und ihrer Eifersucht gegen alle fremden Elemente. Alertz heilte den Papst in kurzer Zeit durch ein einfaches Mittel, welches in Deutschland bekannt, aber in Italien noch ein Geheimniß geblieben war. Er sagte oft mit Heiterkeit: „Mein einziges Verdienst im Leben bestand darin, daß ich den Mut hatte, einen Papst bei der Nase zu fassen."

Gregor XVI. machte Alertz, aus Rücksicht auf seine einheimischen Aerzte, nicht zu seinem Archiater. In der Fortsetzung der Geschichte der päpstlichen Leibärzte von Marini wird Clemens August Alertz nicht figuriren, denn officiell hat er diesen Titel nie geführt. Gregor XVI. war ein Mann von mönchischen Gesinnungen, streng und karg, das Gegenteil seines Nachfolgers Pius IX., welchem Liebenswürdigkeit und liberale Art angeboren sind. Alertz rühmte von ihm als ganz besondere Aufmerksamkeit, daß er ihm eines Tages ein Gericht Fische von seiner vaticanischen Tafel geschickt habe. Außer andern Belohnungen gab er Alertz eine vollständige Sammlung päpstlicher Goldmünzen, ein Geschenk von hohem und seltenem Wert;

außerdem die Sammlung aller Kupferstiche, die in der Calcografia Camerale erschienen waren. Alertz wurde päpstlicher Ordenskomtur und auch Pfalzgraf im Lateran. Die einst hohe Würde der päpstlichen und kaiserlichen Pfalzgrafen in Rom war freilich längst zu einem leeren Titel herabgesunken, welchen die Päpste, einem Orden gleich, zu verschenken pflegten. Alertz wurde auch Leibarzt des Prinzen Heinrich, den er bis an seinen Tod behandelte, und der preußischen Gesandtschaft als Geheimer Medizinalrat beigegeben. Wenige Reisen abgerechnet (darunter auch eine nach Konstantinopel, wo er den Sultan Abdul Medschid behandelte), blieb er seither in Rom und verwuchs mit den römischen Verhältnissen, wie wenige Fremde.

Deutschland hat seit dem 14. Jahrhundert bis auf den heutigen Tag immer Männer nach Rom geliefert, welche angesehene Stellungen im Vatican bekleideten, zumal als päpstliche Scriptoren, Archivbeamte und Präfecten der Bibliothek. Zu ihnen gehört auch Alertz als Arzt. Seine glückliche Heilung Gregors gab ihm eine Zeit lang eine glänzende Stellung in der römischen Gesellschaft und einen Ruf in der katholischen Welt. Die Menge von Bekanntschaften, welche er in allen Ländern besaß, war in der That erstaunlich groß. Noch lange nach dem Tode Gregors und selbst in seinen letzten Jahren, wo er seinen bevorzugte Platz nicht mehr einnahm und dem gewöhnlichen Schicksal der Aerzte, aus der Mode zu kommen, erlegen war, schlug noch eine Welle jener römischen Weltbeziehung aus früherer Zeit in sein immer einsamer werdendes Privatleben zurück. Es kam kaum ein bedeutender Mann nach Rom, der ihn nicht aufsuchte.

Er kannte die meisten Notabilitäten Italiens, Deutschlands, Frankreichs und Englands. Er war bekannt mit den angesehensten Häusern französischer Legitimisten, ohne deren Richtung zu teilen. Als Lamoricière nach Rom kam, um seine unglückliche Führung der päpstlichen Armee zu übernehmen, suchte er Alertz auf. Auch mit Montalembert war er befreundet, er freute sich noch auf seinem Sterbebette über einen herzlichen Gruß, den ihm dieser berühmte Mann nach Rom sandte. Er lebte in den freundlichsten Beziehungen zu den Bonaparte in Rom, deren langjähriger Hausarzt er war. Er war viel im Hause Zenaides. Die bronzene Todtenmaske Napoleons von St. Helena, ein Geschenk von dessen Verwandten, zierte als ein ausgezeichneter Schatz stets sein Zimmer. Er war mit den meisten Cardinälen Roms in Verkehr, und kannte zum Teil genau ihre persönlichen und curialen Verhältnisse.

Die glänzende Periode des römischen Lebens von Alertz umfaßte die zwölf Jahre von 1836 bis 1848, wo die Revolution in Rom einen Abschnitt auch für ihn bildete. Es ist der Bemerkung wert und steht im Dictionnaire Moronis verzeichnet, daß Pius IX., als er aus dem Lateran von der Gräfin Spaur, der Gemalin des Gesandten Baierns, nach Gaëta glücklich entführt wurde, in einer Verkleidung entfloh, die ihm das Aussehen von Alertz gab.

Der Umschwung der römischen Verhältnisse seit 1848 veränderte dessen Lage durchaus. Das Glück war ihm ungünstig. Seine Beziehung zum Vatican setzte sich zwar auch unter Pius IX. und bis auf seine letzte Zeit fort, aber in immer kleineren und nur zufälligen Verhältnissen. Die neue Zeit brachte neue Menschen empor, denen Alertz immer fremder wurde. Es gibt bevorzugt angelegte Naturen, denen doch die Kraft fehlt, ihr Leben sicher um sich her zu gestalten. Ihrem begabten Wesen gemäß kann sie das Glück, welches der Attraction gewisser Kräfte folgt, nicht ganz übersehen, aber es bleibt für sie doch nur Erscheinung und ohne Zusammenhang. Wenn der Wagen der Fortuna vor ihre Thüre angefahren kommt, so versäumen sie, unbehilflich, träumerisch oder stolz, die Minute um einzusteigen, oder sie besitzen nicht die unphilosophische und robuste Energie, um den Eindringling fortzutreiben, der ihren Platz eingenommen hat.

Mancher andere Mann wäre in der Stellung von Alertz zu einem glänzenden Vermögen gekommen, doch er starb in Armut. Was er erwarb, verlor sich wieder; er wußte selbst kaum wie; und doch hatte er keine Anlage zum Verschwender, außer daß er viel in unnützen Sammlungen verbrauchte, wozu Rom so leicht verführt. Das Unglück suchte ihn öfter auf als das Glück. Im Jahre 1842 ging er zur See nach Marseille; wie es scheint, um nach Deutschland zurückzukehren. Denn er nahm alle seine Kostbarkeiten, die Sammlung der vaticanischen Goldmünzen, viele andere Geschenke des Papstes, einen beträchtlichen Teil seines baaren Vermögens, auch wichtige Schriftstücke mit sich, welche ihm die Bonaparte anvertraut hatten, um sie nach Paris zu bringen. Im Canal von Piombino stieß das Schiff, worauf er sich befand, mit einem anderen zusammen, und versank mit seinem Hab und Gut. Ein spanischer Marineoffizier rettete sich und

ihn in einem Bot mit Lebensgefahr an den Felsenstrand von
Elba. So kehrte Alertz nach Rom zurück, und mußte
von vorn beginnen. Den großen Verlust hat er nie mehr
ersetzen können; und kaum hatte er nach Jahren sich
davon erholt, so verlor er durch räuberischen Einbruch
die Summe von 3000 Scudi. Preußen pensionirte ihn
endlich, nach langen Bemühungen seiner einflußreichen
Freunde, auf Grund der Rechte, die ihm die langjährige
Behandlung des Prinzen Heinrich gab, und hauptsächlich
wol durch die Liberalität Friedrich Wilhelms des IV.,
als dieser König erkrankt nach Rom gekommen war.

Man rühmte von Alertz in seinen besten Jahren den
scharf erkennenden Blick und die Gabe der Divination;
man fürchtete in seinen späteren Mangel an Consequenz.
Er selbst glaubte nicht an die Medizin. Er schien sie
als Kunst, nicht als Wissenschaft zu betrachten. Der
Papst hatte ihm an sein Sterbebette seinen Leibarzt ge=
schickt; die besten Aerzte Roms bemühten sich um ihn.
Er lehnte ihre Hilfe ab. Medicus medicum non curat,
war sein Spruch, wie ich glaube, ein Grundsatz der
Schule von Salerno. Er sagte oft: „das Beste, was
der Arzt thun kann, ist die Kunst zu mildern und gut
sterben zu machen." Noch kurz vor seinem Verscheiden
sagte er wiederholt das eine Wort: Euthanasie. Eines
Tags, da er schon schwer krank darniederlag, nahm ich
ein Buch von seinem Bette auf und, es zufällig auf=
schlagend, fand ich die Worte, welche der sterbende Hadrian
gesagt haben soll: „Turba medicorum regem inter-
fecerunt." Ich las sie laut; er lächelte, und ich er=
innerte mich eines Gesprächs ähnlichen Sinns mit ihm

über die vier Bücher der Invectiven Petrarcas in medicum quendam.

Alertz war ein Mann von vielseitigen geistigen Interessen und Organen für das Empfangen der Welt, worin jedoch die Concentration fehlte. Er sann viel ohne thatkräftiges Beginnen. Es war, als sei in dem Räderwerk seines intelligenten Geistes irgend ein Stift ausgefallen, wodurch jenes selbst unregelmäßig ging. Er wußte vieles, erstaunlich viel über Rom und römische Dinge; doch sein Wissen hatte keine Form. Er besaß eine umfassende Belesenheit, aber der aufgesammelte Reichtum stand ihm nur als Zufall zu Gebote.

Das Abbild seines Wesens war seine Bibliothek, in der er oft, was er besaß, erst selbst entdecken mußte. Sie war zusammenhangslos angelegt; er wurde nie mit ihrem Katalog fertig, und am Ende war sie ihm selbst zur Last. Er besaß in einem gewissen Grade Bibliomanie. Einer öffentlichen Bücherversteigerung konnte er nicht leicht vorübergehen, ohne dort einzutreten und ein Buch zu kaufen. In demselben Grade lockte ihn manche andere Auction. Er erwarb Bilder, Bronzen, Anticaglien jeder Art, selbst Roccocomöbel, und er verschleuderte das Gekaufte wieder, oft zu Spottpreisen.

Seine Freunde werden das Bild dieses schönen und milden Greises fest im Gedächtniß behalten, und wenn manche diese Zeilen lesen, werden sie ihn vor sich sehen, in seinem mit Bildern und römischen Raritäten überfüllten Arbeitszimmer in der Via Gregoriana, wo jeder Tisch und jeder Stul mit Büchern bedeckt lag, und wo er selber wie ein Magus in seinem roten Lehnsessel saß, den

er einst für Pius IX. hatte machen lassen, um sich her
Zeitungen, deutsche, italienische, englische, französische, die
er namentlich in seiner letzten Zeit mit Begierde las. Oder
sie werden ihn vor sich sehen, wie er bei großen Festen
im S. Peter in Uniform stattlich einherschritt, die Wachs=
kerze oder die Osterpalme in der Hand, mitten unter der
katholischen Diplomatie.

Man hätte ihn für einen vornehmen Staatsmann
halten mögen, denn diesen Eindruck machte seine Achtung
gebietende Erscheinung, seine hohe und ruhige Gestalt,
sein ausdrucksvoller Kopf mit schneeweißem Haar, und
das bedeutende fein liniirte Gesicht, welches den Stempel
der Intelligenz, der Menschenliebe und jener Humanität
an sich trug, die manchen Porträtköpfen aus der Zeit
Washingtons eigen ist.

Alertz war ein vornehm angelegter Mensch, „zum
Signor geboren", wie man in Italien sagt; er brauchte
daher stets Dienste Anderer. Eine Bitte konnte er nicht
leicht abschlagen. Egoismus kannte er nicht. Unwahrheit
war ihm fremd, wie Eitelkeit. Für ihn waren alle
Menschen gleich, obwol er durch die im besten Sinne
aristokratische Ausstattung seines Wesens an den Umgang
mit der vornehmen Welt gewiesen war.

Seiner friedlichen Natur war Harmonie Bedürfniß.
Es fehlte ihr der selbstische Zusatz, welcher die kampf=
gerüsteten Charaktere von felsenfestem Willen schafft. Es
gab wenige Menschen von seiner Harmlosigkeit und die
gleich wehrlos gegen die Angriffe der boshaften Welt
gewesen wären. Er war unfähig, eine Beleidigung mit
bewußtem Vorsatz zu rächen. Wie Rousseau besaß er

6*

nicht einmal die scharfe Geistesgegenwart zu repliciren.
Aber die erlittene Kränkung fiel in sein Gemüt, und sie
machte ihn melancholisch; wie er überhaupt leicht in das
Sinnen versank, aber auch eben so schnell durch eine
kräftige philosophische Rede zu ermuntern war. Er litt
nichts Gemeines. Er sprach es nie auch nur in Worten
aus. Oft schien es, als sei alles reine schöne Anlage
in ihm geblieben. Sein nirgend beschränktes Wesen zog
viele Menschen, namentlich Frauen an; es war jedem
wol dabei. Doch dieser begabten Natur fehlte das plastische
Gepräge. Er konnte sich nicht gut ausdrücken, weder
mündlich noch schriftlich. Ich drang oft in ihn, daß er
seine Erlebnisse, zumal seine Erfahrungen von der römischen
Curie aus den Tagen Gregors XVI. und Lambruschinis,
ferner aus der ersten so denkwürdigen Epoche Pius' IX.
aufzeichnen möge. Er versprach es oft und versicherte,
daß er diesen Plan gefaßt habe. Allein er brachte keine
Gestalt zu Tage. Sein Nachlaß enthält nichts dieser
Art. Er war zu bequem und auch zu müde, sein ver=
gangenes Leben nochmals zu ordnen. Es ging ihm damit,
wie mit seiner Bibliothek. Auch besaß er nicht genug
Selbstgefälligkeit dazu, und diese ist es doch fast immer,
welche Selbstbiographien schreibt. Außer dem fürchtete
er, die ausgelebten Schmerzen wieder aufzuregen, das
renovare dolorem.

Er liebte über alles die Unabhängigkeit, obwol er aus
manchen Ursachen sich selbst in die Abhängigkeit von
Dingen und Menschen und deren Diensten hatte begeben
müssen. Als er schon auf seinem Sterbebette lag, doch
bei völlig klarem Geiste, der ihm bis zu seinem Ende

blieb, und ich das unschätzbare Gut der Unabhängigkeit pries, welche schon deshalb zu den höchsten Lebensgütern gezählt werden müßte, weil sie niemals ihren Wert verliere und diesen im Mißgeschick verdoppelte, so sagte er mit Lächeln den Vers eines alten Kirchenliedes: O bona libertas, pretio pretiosior omni.

Er starb am 10. November 1866 infolge der Schleimschwindsucht, mit welcher er schon Jahre lang gekämpft hatte. Diese Krankheit machte ihn in ihrem letzten Stadium unfähig, Nahrung zu sich zu nehmen. Alertz starb mit Bewußtsein den Hungertod. Der Anblick dieses langsamen Verlöschens würde für seine Freunde qualvoll gewesen sein, wenn er selbst Qualen litt oder sie zu erkennen gab. Doch dies war nicht der Fall; er behielt die Heiterkeit des Weisen, sobaß diese Art zu enden, indem man die gemeine thierische Nahrung nicht mehr empfangen kann, seinen Freunden als eine eines edeln Geistes würdige Weise des Sterbens erschienen ist.

Wir begruben Alertz am 12. November im Campo Santo der Deutschen am Vatican, dem alten Friedhof der Langobarden, wo zu ruhen er selbst begehrt hatte. Dort ruht er passend im Bezirk seiner eigenen Thätigkeit, da der Dom S. Peters und der Vatican den geschichtlichen Hintergrund für sein Leben bilden. Cujus Anima Requiescat In Pace.

Zwei wieder auferstandene antike Figuren von Erz.

1885.

Keine der vielen Metamorphosen, welche die Stadt Rom seit dem Sturze des Kaiserreichs erfahren hat, kann auch nur entfernt mit ihrer heutigen Umwandlung verglichen werden. Im Mittelalter, zur Zeit der größesten Macht des Papsttums, sodann während und nach der baulustigen Renaissance blieb das bewohnte Rom immer auf einen kleinen Umkreis beschränkt, und jede Erneuerung war nur eine vereinzelte. Heute aber umfaßt der Bauplan das ganze weite innere Stadtgebiet bis zu den Mauern Aurelians, und selbst über diese geht er hinaus. In allen Richtungen wird der römische Boden durchgraben und aufgewühlt. Dieser mit fast fieberhafter Ungeduld betriebene Umbau bietet daher vielleicht die letzte große Gelegenheit dar zum Auffinden noch verborgener Kunstwerke des Altertums. Wenigstens dürfte eine solche nicht mehr so bald wiederkehren, wenn die gegenwärtige Transformation der Stadt nach zehn oder zwanzig Jahren vollendet sein wird.

Es vergeht auch kaum eine Woche, ohne daß die Erdarbeiter antike Marmorinschriften, Sculpturen, Säulen, Sarkophage und ähnliches aus dem Schutt der Jahrhunderte ans Licht ziehen.

Zwei wieder auferstandene antike Figuren von Erz.

Neugierige pilgern jetzt nach dem Palatin, zwei große Statuen von Erz zu sehen, die nach mehr als tausendjähriger Versunkenheit an den Tag zurückgekehrt sind und dort vorläufig aufbewahrt werden. Seit dem vorigen Jahre, wo man das schöne Portal der Farnesischen Gärten leider eingerissen und die Grenze zwischen Palatin und Forum aufgehoben hat, ist der Eingang zu den Kaiserpalästen seitwärts in die Nähe der Kirche Santa Anastasia verlegt worden. Dort haben die palatinischen Guardiani ihren Posten, und steht an altes Palastgemäuer angelehnt das Wächterhaus.

In dem größeren Raum dieses Hauses bietet sich dem Besucher ein sonderbares Schauspiel dar. Fremde aller Länder und römische Kunstfreunde betrachten hier zwei bestäubte bronzene Kolosse, die in der Mitte des Zimmers aufgestellt sind, der eine stehend, der andere sitzend. Man hat sie hierher gebracht, wie man unbekannte Todte in eine Morgue bringt, um sie zu recognosciren. Sie haben noch nicht ganz das Leichentuch abgestreift, mit welchem sie aus ihrem Grabe herausgekommen sind; Erde haftet noch hie und da an ihren Leibern von dunkelgrüner Farbe des oxydirten Metalls. Ein Bronzearbeiter mit seinen Gehilfen ist an diesen Statuen beschäftigt, die er restaurirt.

Die eine dieser Figuren stellt einen nackten Jüngling dar von kraftvoller und schöner Heroengestalt, 2,30 Meter hoch. Er tritt mit dem rechten Fuße vor, während das linke Bein zurücksteht und auf der Fußspitze ruht. Den rechten Arm hält er gesenkt und zum Rücken gewendet, den linken hoch emporgehoben, und die zusammenfassende Hand zeigt, daß sie einen Speer gehalten hat. Der Kopf mit leichtem Haarwurf über der Stirn sitzt auf einem starken Halse. Das bartlose Antlitz ist frei aufgerichtet, aber die Züge drücken kein stolzes Siegesbewußtsein aus, sondern Traurigkeit, in einer Weise, die wenig von der idealen Melancholie der griechischen Antike an sich hat. Obwol die Bewegung des Jünglings elastisch ist und leise an jene des Apollo vom Belvedere erinnert, so sieht er doch nicht nach einem Athleten aus, welcher aus den olympischen Spielen triumphirend hervorgeht, um den Kranz zu empfangen. Gestalt und Haltung, auch der Kopf haben einen Anflug vom griechischen Ideal, und doch ist diese Figur weit von dem Doryphorus des Stefanos in der Villa Albani entfernt. Sie scheint übrigens einer griechischen Schule anzugehören, und stellt durchaus einen Hellenen dar, vielleicht sogar einen König der Diadochenzeit in Heroengestalt. Der Kopf könnte wirkliches Porträt sein. Seltsamerweise trägt die Statue unter der Brust römische Ziffern. Ich las dieselben so: LVILXXIIX. Sie sehen fast aus wie eine Museum- oder Ateliernummer.

Die andere Figur bildet zu jener einen wirkungsvollen Gegensatz. Sie stellt einen nackten Faustkämpfer in mehr als Leibesgröße dar, von männlichem Alter, vollbärtigem Gesicht und gewaltiger Musculatur des Körpers. Er hat nichts Römisches. Kopf und Antlitz sind durchaus nach dem Typus des Herakles gebildet, also nicht Porträt. Er sitzt ausruhend von einem furchtbaren Kampfe. Das rechte Ohr ist platt geschlagen; die rechte Seite des Nasenbeins deutet durch Auftreibung einen empfangenen Schlag an. Er stützt die ermüdeten starken Arme auf Knie und Schenkel. Seine mit dem Cästus umflochtenen Hände sind dick angeschwollen. Sie schmerzen ihn. Er streckt sie übereinander aus, ohne daß sie sich berühren, als ob er sie am Luftzuge kühlen wollte. Als überwunden bekennt er sich nicht, denn sein seitwärts gedrehtes Gesicht blickt mit qualvollem Grimm nach dem Gegner um, mit dem er sich bald wieder im fortgesetzten Kampfe messen wird. Seine Haltung ähnelt der des sitzenden Mars in der Villa Ludovisi, nur daß sie nichts von der gelassenen Ruhe dieses Gottes haben kann. Dies Kunstwerk ist das Product einer realistischen Schule, in welcher die griechische Tradition fortgelebt hat.

Beide Bronzen, wol verschiedenen Meistern angehörend, haben miteinander gemeinsam eine noch klassische Reinheit des Stils und große Wahrheit des Formgefühls. Sie sind frei von allem akademischen Wesen, wie von jener Manierirtheit, welche man an dem ehernen Herkules im Kapitol wahrnimmt. Die technische Behandlung namentlich des sitzenden Athleten wird von den Bildhauern Roms als vollendet bewundert.

Beide Figuren sind nicht zusammengesetzt, sondern aus einem Guß. Der Heros ist weniger beschädigt, als der Faustkämpfer, an dem manche Körperteile neu ergänzt werden müssen. Als man diese Statuen reinigte, zog man Bleiklumpen heraus, welche in den Füßen als Gewichte lagen. Die Untersuchung der Füllung der Hohlräume in den Körpern, die einer meiner Freunde angestellt hat, ergab als einstweiliges Resultat mit Sicherheit, daß sie aus losem Sande von krystallinischem Gefüge besteht. Dieser Sand zeigt schwarze, graue und weißliche Massen bei gleichen Grundbestandteilen, und die Verschiedenheit

seiner Färbung erklärt sich durch die mehr oder minder starke
Einwirkung des Durchglühens beim Guß der Bronze.
Der Sand hat daher große Aehnlichkeit mit der vulka=
nischen Asche des Vesuv und Aetna.

Diese Erzstatuen fand man vor drei Monaten beim
Legen der Fundamente des neuen Theaters an der Via
Nazionale, unter den Gärten Colonna, in einer gewölbten
Kammer eingeschlossen. Der Heros lag am Boden, der
Athlet war auf ein umgekehrtes Säulenkapitäl sorgsam
hingesetzt. Die Kammer zeigte einen gewaltsamen Durch=
bruch, wie zum Zweck gemacht, um jene beiden Kunstwerke
hineinzubringen und in der Zeit irgend einer ihnen drohen=
den Gefahr sicher zu verwahren. Dies mag geschehen
sein, als der furchtbare Alarich vor den Mauern Roms
stand, oder als die Raubflotte des Vandalenkönigs Genserich
in Ostia landete.

Da der Fundort im Bereich der Thermen Constantins
gelegen ist, so sind jene Statuen wahrscheinlich dort auf=
gestellt gewesen. Demnach gehören sie zu der kleinen
Reihe der von dort herstammenden und noch erhaltenen
Kunstwerke, und diese sind die Dioscuren auf dem Quirinal,
die Constantins=Statuen auf der Rampe des Capitols
und die Bildsäule Constantins im Vestibulum des Lateran.

Rom, einst die an Erzen reichste Stadt der Welt,
ist heute an antiken Bronzen sehr arm. Die Sammlung
davon im Capitol kann nicht mit jener Neapels wett=
eifern. In wiederholten furchtbaren Katastrophen sind
die antiken Werke von Erz in Rom nach und nach zu
Grunde gegangen oder in die Fremde fortgeschleppt worden.
Die Vandalen entführten solche massenhaft zu Schiff

nach Afrika. Zur Zeit der Gothen gab es aber solcher Kunstwerke in der Stadt noch genug, und Prokopius, der Geheimschreiber Belisars, hat sie dort bemerkt. Hundert Jahre später beraubte der Kaiser Constans II. die Stadt, während seines flüchtigen Besuches, ihrer letzten Kunstschätze von Erz. Nur die bronzene Reiterfigur Marc Aurels, welche damals am Lateran stand, und heute auf dem Capitol steht, blieb wie durch ein Wunder verschont.

Seit mehr als dreißig Jahren hat man in Rom keine Bronzen mehr gefunden, außer dem stark beschädigten Pferde aus Trastevere im Capitol und dem vergoldeten Herkuleskoloß, welcher sorglich versenkt und mit einem Dach beschützt in der Erde lag und ausgegraben wurde, als man im Jahre 1859 im Palast Pio, auf der Stätte des Pompejus-Theaters, einen Bau vornahm. Ich war Zeuge dieses seltsamen Vorganges, welcher an ähnliche Scenen in der Renaissancezeit erinnerte. Die Auffindung jener beiden Figuren von Erz ist daher ein Ereigniß in Rom; auch sind sie geradezu die bedeutendsten unter allen Antiken, die man hier in unserer Zeit ausgegraben hat. Ein glücklicher Zufall fügte es, daß bald nach ihrer Entdeckung einige sehr schöne und vorzüglich erhaltene Marmorsarkophage gefunden wurden, als man neben der Villa Bonaparte nahe bei der Porta Salara neue Häuser zu bauen begann. Am Ende des Mai stieß man draußen vor diesem Tor in einer Vigna auf ein Mausoleum, groß wie jenes der Cäcilia Metella. Eine Inschrift sagt, daß es dem Präfekten der Reiterei Lucilius von seiner Schwester gesetzt sei. Statuen sind dort nicht gefunden worden.

Es ist wahr, daß die Nachlese von Antiken seit 1870

nicht den gehegten Erwartungen entspricht. Denn trotz
so vielen Grabens an so vielen Orten der Stadt sind
in diesen vierzehn Jahren keine Kunstwerke an's Licht
gekommen, welche den Wert jener erreichen, die man
während einiger Jahrzehnte vor 1870 ausgegraben hat,
wie des Sophokles aus Terracina im Lateran, des Apoxyo=
menos im Braccio Nuovo, des Augustus aus der Villa
Livia bei Prima Porta. Indeß was nicht gestern geschah,
kann noch heute und morgen geschehen.

Trotz der Jahrhunderte langen Plünderung und trotz
den glänzenden Funden während und nach der Renaissance
ist die unterirdische Schatzkammer Roms noch immer nicht
ganz ausgeleert. Niemand wird behaupten wollen, daß
keine Antike von der Schönheit des Laokoon oder Apollo
dem Boden der Stadt jemals mehr entsteigen kann. Irgend
ein Zufall könnte aus dem tiefen Schutt der Hügel und
Täler sogar noch eins jener alten Meisterwerke des Skopas,
Myron und Lysippus wieder hervorziehen, welche die Er=
oberer Griechenlands und Asiens und die großen Kunst=
räuber Caligula und Nero einst in die Weltstadt am
Tiber zusammengeschleppt hatten. Nichts reizt auch noch
im heutigen Rom so sehr, als die Vorstellung, daß unter
den Füßen des hier Wandelnden eine geheimnißvolle Welt
von Kunstschätzen versunken liegt. Sie öffnet sich fast
jeden Tag und schickt etwas Kostbares, seit langen Jahr=
hunderten Verschwundenes herauf. Besäße man nur
den Zauberstab oder wüßte man, wo jene magische Bild=
säule steht, die mit dem Schatten ihres Fingers die
Stelle angibt, auf welche die rätselhafte Inschrift paßt
HIC PERCVTE.

Die Villa Ronzano.

Ein Musensitz der Gozzadini von Bologna.

1882.

Die Signoren der Stadt Bologna besitzen ihre Landhäuser auf den nahen Abhängen des Apennin. Dort steht manche Villa in reizvoller Einsamkeit, mit der Aussicht über die betürmte Stadt unten in der Ebene und über die weiten Gefilde der Emilia und Romagna bis zum fernen Saume des Adriatischen Meeres hin. Man könnte zweifeln, welche Landsitze vorzuziehen seien, diese bolognesischen hier, oder die florentinischen.

Vor der Porta S. Mammolo steigt man rechts auf einer hohen Treppe zwischen Cypressen zu einer Platform empor, wo eine kleine Kirche steht, und bald findet man sich in einem schönen Berggelände, durch welches ein Weg in Windungen an Felshängen weiter führt. Dort liegt ein Landhaus, über dessen Gartenmauer Rosen und Schlinggewächse in üppigen Ranken niederhängen; in ihm bringt Marco Minghetti mit seiner geistvollen Gemalin Donna Laura den Sommer zu. Ihre Freunde, die Gozzadini, bewohnen die höher gelegene Villa Ronzano, welche unter allen andern dort die entfernteste und abgelegenste ist. Schon unten in der Niederung erblickt man sie in Millienweite auf einem grünen Hügel, dessen Gipfel sie zwischen finstern Pinien, Eichen und Cypressen krönt. Sie gleicht in nichts einem modernen Landhause; tritt man aus den Gebüschen des Hügels heraus, so hat man ein altertümliches, klosterartiges Gebäude vor sich mit einer Capelle an seiner Seite; ringsumher stehen majestätische Bäume auf grünem Rasen. Garten und Park gibt es hier nicht.

Dies Landhaus ist in Wirklichkeit ein Denkmal des Mittelalters und zugleich ein bolognesischer Musensitz der Gegenwart. Sein Besitzer ist der Graf Giovanni, der am 15. October 1810 geborene einzige Sohn des Giuseppe Gozzadini, und heute der letzte jenes berühmten Hauses, welches schon in den Tagen des Kaisers Barbarossa namhaft gewesen war, und große Epochen der Republik Bologna in Erinnerung bringt. Die Gemalin des Grafen, Maria Teresa, die er im Jahre 1841 heiratete, war lange Zeit hindurch die belebende Seele dieser romantischen Villa, und ihrer Anregung verdankte Gozzadini zum größten Teil die Richtung auf die Studien, die er nahm. Auch ihr Name ruft alte, große Zeiten und Menschen ins Gedächtniß zurück. Sie war vom Hause der Serego Allighieri aus Verona, der Stadt des Can Grande und des Dante im Exil. Ihr Name Allighieri ist auch Dantes Name; sie selbst stammte von dem unsterblichen Dichter ab in der Linie seines Sohnes Pietro. Dieser hatte Ginevra angehört, welche im sechzehnten Jahrhundert in das veronesische Haus Serego hinübertrat.

Noch andere Beziehungen setzen die Villa Gozzadini mit Dante in Verbindung. In Versen wie aus Erz gegossen hat der Dichter der Göttlichen Komödie das Brandmal seines Ghibellinenzorns auf die Stirne zweier

Die Villa Ronzano.

Signoren Bolognas gedrückt, des Catalano bei Catalani vom Haus der Malavolti, und des Loderingo von Andaló; und diesem Loderingo hat einst Ronzano zu eigen gehört.

Hier stand vor Alters ein Frauenkloster; hier nahm die schöne Diana von Andaló, Loderingos Schwester, im Jahre 1221 den Nonnenschleier. Sie war eine begeisterte Anhängerin des heiligen Dominicus, welcher damals in Bologna lebte. Der große Ordensstifter starb in dieser Stadt in demselben Jahre 1221.

In der Kirche, welche seinen Namen trägt, wurde Dominicus in jenem prachtvollen Sarkophag bestattet, den die erwachende italienische Bildhauerkunst mit den ersten Blüten ihres Genies geschmückt hat. Diana selbst starb im Kloster S. Agnese, welches sie in Bologna gestiftet hatte; aber ihre Reste ruhen nicht mehr dort, sondern in der Capelle der Villa Ronzano, wohin sie Gozzadini voll Pietät übertragen ließ.

Der Name Andaló erweckt hier so manche Erinnerung an die Blütezeit der stolzen Städterepubliken, der kühnen Tyrannen Italiens, der Guelfen und Ghibellinen. Da ist Loderingo, der Gemal der India Torelli, einer Enkelin Salinguerras aus dem berühmten Ghibellinenhause Ferraras, in der Hohenstaufenzeit ein Krieger und Staats= mann, zuletzt Stifter eines ritterlichen Ordens, welchen nicht Thaten, sondern nur ein paar Verse Dantes un= sterblich gemacht haben. Auf der Universität Bologna hatte er die Rechte studirt; die Republiken Modena, Siena, Faenza, Pisa und Reggio erwählten ihn der Reihe nach zu ihrem Podestà. Sogar die mächtige Stadt Florenz berief ihn neben Catalano zu demselben hohen

Amt im Jahre 1266. Da ist endlich der Neffe Loberingos, der große Republikaner Brancaleone von Andalò, der Waffengefährte des Hohenstaufenkaisers Friedrich II. und des schrecklichen Ezzelin, der Freund des Königs Manfred, der berühmteste aller Senatoren, welche Rom im Mittelalter regiert haben.

Die Republik der Bolognesen war damals durch die wüthenden Parteikämpfe zwischen den Lambertazzi und Geremei und ihren Anhängern dem Untergange nahe gebracht worden. Um solchen Uebeln Einhalt zu thun, stiftete Loberingo einen Ritterorden, in welchen, nach dem Gebrauch jener Zeit, auch verheiratete Männer eintreten durften. Dieser klösterlichen Miliz gab der Papst Urban IV. die Bestätigung, und später verliehen ihr die römischen Kaiser Ludwig der Baier und Heinrich VII. Privilegien.

Loberingo nannte seinen Orden von den „Freuden Mariä"; die Mitglieder hießen „Freudenbrüder", Frati Gaudenti. Es ist begreiflich, daß dieser Name Spötter reizen mußte, ihm eine sarkastische Erklärung zu geben, und Dante selbst scheint dies in jener Stelle des 23. Gesanges der Hölle gethan zu haben, wo er die beiden Freudenbrüder Andalò und Catalano, als schlechte Regenten seiner Vaterstadt Florenz, unter das Schattenvolk der bemalten Heuchler verstoßen hat, welche in schweren vergoldeten Bleikappen einher schleichen müssen:

Frati Godenti fummo, e Bolognesi,
Jo Catalano, e costui Loderingo
Nomati, e da tua terra insieme presi . . .

Loberingo kehrte von Florenz nach Bologna zurück und wählte dann im Jahre 1267 zum Sitze seines

Ordens den Hügel Ronzano, wo das alte Nonnenkloster eingegangen war. Er baute dort eine Kirche und einen Klosterhof und starb daselbst im Jahre 1293. Die Frati Gaudenti fuhren fort in Ronzano zu wohnen, bis ihr Kloster seit 1475 in den Besitz der Dominicaner Bolognas kam, und diese benützten dasselbe bereits zu ihrem Sommeraufenthalt. Als nun im Jahre 1798 die geistlichen Orden überhaupt aufgehoben wurden, ging Ronzano in Privatbesitz über. Im Jahre 1848 erwarben es die Gozzadini. So zog in das Haus der Andaló eine Urenkelin Dantes ein, und das alte Kloster der Frati Gaudenti wurde, nachdem es im Lauf der Jahrhunderte seine Herren gewechselt und manchen Umbau erfahren hatte, zum Sanssouci des Letzten jenes Signorengeschlechts der Gozzadini, welches bereits in Blüte stand, bevor noch Diana, Loderingo und Dante das Licht der Welt erblickt hatten.

Zu der Zeit, als der Graf Giovanni und seine Gemalin die Villa Ronzano erwarben, war die Stadt Bologna einer der Schauplätze der politischen Umwälzung, welche das junge Papsttum Pius' IX. durch seine phantastischen oder sentimentalen Freiheitsanwandlungen hervorgerufen hatte. Im August 1848 verjagte das bolognesische Volk die österreichische Garnison, aber diese kehrte im Mai 1849 zurück.

Die Regierung des Cardinallegaten, welche die Oesterreicher in der Stadt wiederhergestellt hatten, machte das Leben dort für alle Freigesinnten und Patrioten höchst peinvoll. Die Gozzadini waren glühende Anhänger der italienischen Nationalidee und niemals haben sie der

bestehenden Gewalt gedient oder gehuldigt. Als eines
Tages die Wiederherstellung der päpstlichen Herrschaft
durch officiell gebotene Illuminationen in der Stadt und
ihrer Umgegend gefeiert werden sollte, wies die Gräfin
Gozzadini den Beamten, welcher sie dazu aufzufordern
gekommen war, mit einem entschiedenen Nein! zurück, und
die Villa Ronzano, der stille Tempel des Dantecultus,
blieb allein dunkel. Die Demonstration reichte in jener
Zeit hin, ein Ereigniß zu sein, welches die Gozzadini
populär machte. Der Dichter Marchetti feierte ihre
Entschlossenheit in improvisirten Versen, die noch heute
in Bologna nicht vergessen sind:

> Quel no magnanimo
> Prezzo non ha —
> Oh! splendidissima
> Oscurità!

Geschichtliche Erinnerungen und die schöne Einsam=
keit des Orts hatten die Gozzadini bewogen, Ronzano
zu ihrem Aufenthalt zu erwählen, welchen sie nur in den
Wintermonaten mit ihrem städtischen Palast in der Straße
San Stefano vertauschten. Sie führten dort, fern von
dem Lärm und den Leidenschaften der großen Welt, ein
zurückgezogenes, nur den Idealen der Kunst und Wissen=
schaft geweihtes Leben; zufrieden mit ihrem Tusculum in
einer ländlichen, fast noch klösterlichen Einfachheit des
Daseins und beglückt durch die entzückende Lage des Land=
hauses auf der Höhe, von welcher der Blick die große
altertümliche Stadt in der Tiefe, und die schönsten Garten=
gefilde Italiens umfassen kann.

Der Graf Giovanni hatte schon im Jahre 1839

seine erste historische Schrift veröffentlicht, die Lebensgeschichte des Giovanni II. Bentivoglio. Aber erst seit 1848 versenkte er sich ganz in das Studium der Altertümer und der Geschichte seiner Vaterstadt. Er durchsuchte die Archive Bolognas, erforschte die Denkmäler der Stadt und ihres Gebietes, grub alte Nekropolen aus, wie jene von Villanova, beteiligte sich mit Leidenschaft an den Ausgrabungen von Marciabotto und beschrieb dann diese archäologischen Schätze. Die Studien des etruskischen Altertums erhielten durch ihn eine neue lebhafte Anregung, wenn auch seine Vorliebe für das Etruskische ihn als Antiquar dazu verführte, dieser Cultur manches zuzuschreiben, was ihr nicht angehörte. Seine Gemalin unterstützte ihn in diesen Mühen durch ihre eigene Bildung, und sie erweiterte zugleich seinen Gesichtskreis durch künstlerische und literarische Beziehungen, deren Mittelpunkt ihr vergötterter Ahnherr Dante war.

Den Dantecultus hatte Maria Teresa aus ihrem väterlichen Hause mit hinübergenommen, oder vielmehr von ihrer Mutter geerbt, der Gräfin Anna da Schio, welche sich mit dem Conte Federigo Serego Allighieri in Verona vermält hatte. Diese geistvolle Frau war eine Charaktergestalt in den literarischen Kreisen Veronas zur Zeit des Congresses gewesen und in den zwanziger Jahren, der verhaßten Epoche der Verfolgung der Patrioten, der Verbannung und der Gefängnisse des Spielbergs. In ihrem Hause zu Verona waren Vincenzo Monti und Pindemonte, Camillo Ugoni, Andrea Maffei, Pietro Zambelli und manche andere Dichter und Gelehrte aus- und eingegangen. Sie hat nicht wenigen Verfolgten ein Asyl und die Mittel zur Flucht gegeben. Ihre Villa Gargagnano bei Vicenza war zu ihrer Zeit ein gefeierter Musensitz; dort hatte einst Dante, so wollte man wenigstens glauben, einige Gesänge seiner Göttlichen Komödie niedergeschrieben. Die Gräfin Anna besaß in ihrem Landhause eine fast vollständige Sammlung aller Ausgaben des Danteschen Gedichts.

Ihre Tochter verpflanzte sodann die Neigungen der Mutter nach Ronzano, und seit 1848 wurde auch ihr Haus ein Sammelpunkt der Patrioten, wie vieler Menschen von Talent und Ruf, sei es Fremder oder Einheimischer. Es würde ein anziehendes Culturgemälde unserer Zeit sein, wenn ein Kundiger, vielleicht Gozzadini selbst, die Zustände der bolognesischen Gesellschaft seit den vierziger Jahren zu schildern versuchte, namentlich in Bezug auf die literarischen Kreise, die sich in jener berühmten Stadt damals gebildet hatten. Manches was im Reich der Künste und Wissenschaften dort entstanden ist, war eine Schöpfung der Gozzadini, oder diese waren doch dabei fördernde und lebhaft teilnehmende Zeugen.

Die Gräfin Maria Teresa war nicht eigentlich eine gelehrte Frau, aber es gab wenige Gebiete der Cultur, an deren Erscheinungen sie nicht warmen Anteil genommen hätte. Wenn sie auch nicht den blendenden Esprit besaß, durch welchen Französinnen einen Salon beleben, so fesselte sie doch durch ihr ernstes, nachsinnendes Wesen und durch die Feinheit und Klarheit ihres Urteils, welches keine kirchlichen Vorurteile verdunkelten. In der anspruchlosen Bescheidenheit ihres häuslichen Lebens vermochte sie sich mit der Welt draußen in dem regsten

Verkehr zu erhalten. Sie stand in Verbindung mit vielen Gelehrten und Dichtern, und schwerlich gibt es einen Italiener von geistiger Bedeutung, welcher nicht den Namen der Gräfin Gozzadini gekannt und verehrt hat. Sie unterhielt Verkehr mit den Dichtern Carrer, Maffei und Niccolini, mit dem gefeierten Aleardo Aleardi, welcher ein naher Verwandter und Freund ihrer Familie war; mit den geistvollen Bolognesen, dem dichterisch begabten Carlo Pépoli, dem Freunde Leopardis, und dem beredten Staatsmann Marco Minghetti, mit Guerrieri Gonzaga, dem Uebersetzer des Faust. Ihre Liebe zu Dante brachte sie in Verbindung mit den berühmtesten Kennern der Göttlichen Komödie, mit Don Michelangelo Gaetani, dem Herzog von Sermoneta in Rom und seiner gelehrten Tochter Donna Ersilia, mit Alessandro Torri und unserem ausgezeichneten Landsmann Carl Witte, mit Paolo Perez und dem Geschichtschreiber Carlo Troya, welcher ihr die neue Ausgabe seines Veltro Allegorico gewidmet hat. Auch die archäologischen Forschungen ihres Gemals zogen bisweilen bedeutende Ausländer in das Haus Gozzadini, wie Layard und Schliemann, Desor und Virchow, und den wissenschaftlich gebildeten Dom Pedro von Brasilien.

Wenige andere Städte Italiens sind durch alte Traditionen und ihr eigenartiges Wesen so wie Bologna dazu geschaffen, Neigungen zu ernsten Studien zu begünstigen, und diese selbst sind nicht zu häufig in der Aristokratie anzutreffen. Die großartige Stadt, auf deren hohen Türmen und in deren Wappen das stolze Wort Libertas geschrieben steht, mit ihren bedeutenden Kirchen und

Familienpalästen, mit ihren langen schattigen Säulen=
hallen, trägt den Stempel geschichtlichen Alters und selbst=
bewußter, republikanischer Kraft. Ihre reichen Archive
und Bibliotheken, ihre Museen, Akademien und wissen=
schaftlichen Institute flößen jedem Bolognesen das Gefühl
patriotischen Stolzes ein, und sie können wol Männer
von Geist, Talent und Energie dazu ermuntern, die Erb=
schaft der Vorfahren zu erhalten und zu mehren.

Bologna ist die älteste Universität Italiens, die
„Mutter der Studien". Seit dem dreizehnten Jahrhundert
haben dieselbe große Juristen, wie Irnerius und Bul=
garus, berühmt gemacht. Nicht minder blühten dort
große Künstler, wie Francesco Francia und die Carracci.
Berühmte Naturforscher, wie Mondini, Malpighi, Gal=
vani, eröffneten der Wissenschaft neue Bahnen. Auch hat
Bologna locale Geschichtschreiber von Wert aufzuweisen,
Malvasia, Ghirardacci, Savioli, Fantuzzi und andere.
Im Haus der Gozzadini selbst war die Wissenschaft eine
Familientradition, denn unter seinen Mitgliedern zählt
man eine Reihe von ausgezeichneten Professoren, namentlich
des Rechts.

Meine Erinnerungen an Ronzano und dessen Be=
wohner sind unauflöslich mit denen an meinen ersten und
teuersten Freund unter den Italienern verbunden, dessen
Namen ich schon genannt habe. Es war der Graf
Paolo Perez von Verona, ein naher Verwandter der
Gozzadini, dem ich die Beziehungen zu diesem Hause
verdanken sollte. Ich lernte Perez in Rom kennen, als
er im Jahre 1855 dorthin kam. Er hatte zuerst in
Padua, noch im jugendlichen Alter, einen Lehrstul der

italienischen Literatur innegehabt; dann war er vom österreichischen Cultusministerium dort suspendirt und nach der Universität Graz versetzt worden. Aber der junge italienische Patriot gab diese Stelle auf, weil er nicht länger ein Diener des österreichischen Staates bleiben wollte. Er ging nach Rom, um in völliger Unabhängigkeit seiner weiteren Ausbildung zu leben.

Perez besaß eine gediegene classische und moderne Bildung und hatte sich auch der deutschen Sprache bemächtigt. Er gehörte zu den vollkommensten Kennern Dantes und war selbst als lyrischer Dichter begabt. Die gemeinsame humanistische Bildung und das gleiche Verständniß des Genius der beiden Nationen, der italienischen und deutschen, verbanden alsbald den gläubigen Katholiken und den protestantischen Ketzer zu einer innigen Freundschaft, welche die schwersten Prüfungen zu überdauern vermochte.

Wir wurden in Rom Gefährten; wir durchwanderten mitsammen die antike Trümmerwelt. Es gibt in der Ewigen Stadt kaum ein irgend bedeutendes Monument, welches nicht durch die Erinnerung an Perez für mich geweiht worden ist. Er wollte mir ein dauerndes Zeugniß seiner Freundschaft geben und übersetzte deshalb ins Italienische meine „Geschichte der Corsen", welche dann die Gräfin Gozzadini bei Le Monnier in Florenz drucken ließ. Ich bemühte mich, ihn in die Studien des römischen Mittelalters hineinzuziehen, in welche ich mich tief versenkt hatte; aber der Realismus der Geschichte, und zumal die unabsehbare Massenhaftigkeit des historischen Materials widerstrebten dem Geiste meines Freundes, welcher eine entschiedene Neigung zur philosophischen Speculation hatte.

Die Weltanschauung Dantes übte eine fast dämonisch zu nennende Anziehung auf das tiefsinnige Gemüt dieses außerordentlichen Menschen aus. Von meinem Standpunkte aus erschien er mir als eins der vielen Opfer des unsterblichen Dichters, und zwar ein verspätetes. Es war Dante, der ihn in das Labyrinth der Scholastik des Thomas von Aquino hineinzog. Er studirte die Werke desselben unter der Leitung des Dominicaners Guibi, welcher damals Professor an der Minerva war und später Cardinal und Erzbischof in Bologna wurde. Perez verzweifelte an der Wiedergeburt seines Vaterlandes, welches ihm unrettbar verloren schien. Seine Ungenüge am Leben der Gegenwart, in welchem er vergebens die seinem Geiste angemessene Bahn suchte, Schwäche des Willens und der Thatkraft, religiöse Zweifel und lange Meditationen entfremdeten ihn immer tiefer der Welt, bis er sich zuletzt entschloß, den Frieden in einem ewigen Gefängniß zu suchen.

Eines Tages überraschte er mich mit der Erklärung, daß er in den geistlichen Orden einzutreten vorhabe, welchen Rosmini gestiftet hatte. Dieses Institut hatte in Oberitalien Wurzel gefaßt, wie in Frankreich und England; es besaß auch ein Haus in Rom, in der Nähe der alten Kirche S. Maria in Carleone, welche später abgebrochen wurde, um die dortige Straße zu erweitern. Der Gründer jenes Ordens, ein theologischer Denker von Ruf, der Freund Manzonis, hatte seine Stiftung mit dem Schein philosophischer Freisinnigkeit umgeben, was um so leichter zu thun war, als sie den Argwohn und Widerstand der Jesuiten herausgefordert hatte. Ich kann mich nur mit Schmerz jener Tage erinnern, wo meine Bemühungen, wie jene der Gozzadini, den durch Eigenschaften des Geistes und Herzens ausgezeichneten Mann den Freunden und seinem Vaterlande zu erhalten, fruchtlos blieben. Er war von mir unbekannten Personen in Netze verstrickt worden, die er nicht mehr zerreißen konnte; er begrub sich endlich für immer in den veralteten Mysterien des Klosterlebens. Da wurde mir zum ersten Male die Gewalt der katholischen Kirche und zugleich die tiefe Kluft offenbar, welche die geistige Cultur Italiens von der protestantischen Deutschlands trennt. Die Gräfin Gozzadini hatte gehofft, daß ich ihren Vetter von dem letzten verzweifelten Schritt noch zurückhalten könnte; so schien es auch mir während einer Zeit, wo Perez, welcher meine Besuche annehmen durfte, wankend geworden war, bis sich jene Klosterpforte für immer hinter ihm schloß und ich seinen Verwandten anzeigen mußte, daß jede Hoffnung vereitelt sei.

Nach heißen Kämpfen mit den Freunden, mit sich selbst und der thatenreichen Welt trat Perez in das Haus der Rosminianer am Forum des Augustus ein, um sein Noviziat durchzumachen; dies vollendete er im Jahre 1858. Er ging dann nach Stresa am Lago Maggiore, wo die Rosminianer ein Collegium besitzen. Hier lehrte er, von seinen Schülern vergöttert, mit glühendem Eifer Theologie und Philosophie, und wenn es je einen wahren Priester gegeben hat, so ist das dieser edle, selbstlose Mensch gewesen. Er erlebte in Stresa die Erhebung seines Vater=

landes, welches denn doch die Ketten zerbrechen durfte, mit denen es das Papsttum und Oesterreich-Habsburg so lange gefesselt gehalten hatten.

Auch dort in der Klosterzelle machten die Geschicke Italiens das Herz des Rosminianers lebhafter schlagen, auch dort ließ er nicht von dem Cultus Dantes ab. In Stresa hat er seine geistvolle Schrift verfaßt: „Die Erklärung der sieben Kreise des Purgatorio." Aber seine glänzenden Kräfte wurden leider im Dienste der vielbändigen Werke Rosminis aufgezehrt, deren Herausgabe ihm übertragen worden war. Mein unvergeßlicher Freund starb zu Stresa am 15. September 1879, zwei Jahre vor dem Tode seiner Cousine Maria Teresa, welche er so hoch verehrt, und die sein Schicksal mit so heißen Tränen beweint hatte.

Paul Perez besaß die feinste aristokratische Bildung und jenes bezaubernde natürliche Wesen, welches die Art italienischer Signoren zu sein pflegt; dieses ruhte bei ihm auf dem Grunde des Adels der Natur und herzgewinnender Anmut. Auf seinem Antlitz von feinen Linien und lichter Offenheit spiegelten sich zugleich das innerlichste Empfinden des Dichters, die Melancholie des Denkers und die heitere Ruhe der reinsten und liebenswürdigsten Menschenseele.

Als er sich von der Welt losriß, legte er mir als sein Vermächtniß die schöne Pflicht auf, die freundschaftlichen Verhältnisse zu seinen Verwandten in Bologna fortzusetzen; in der That wurde die gemeinschaftliche Liebe zu ihm, der uns verloren gegangen war, die Quelle des dauernden Wolwollens der Gozzadini für mich selbst.

Ich hatte lange den Wunsch gehegt, Ronzano kennen zu lernen, nachdem mir dessen Bewohner bereits in Bologna und in einem anderen Landhause in den Apenninen bekannt geworden waren. Ich vermochte endlich im September 1867 meinen Vorsatz auszuführen, einige Tage in Ronzano zuzubringen, und mich in die Mysterien jenes Heiligtums der Musen einzuweihen. Als ich in die Villa eintrat, fand ich die Gräfin am offenen Fenster des Empfangssaales sitzend, mitten unter blühenden Blumen und etruskischen Todtenschädeln, welche ihr Gemal aus irgend einer von ihm entdeckten Nekropole heraufgebracht hatte. Die edle Frau mit dem bleichen Angesicht voll mildem Geiste war damit beschäftigt, die Bruchstücke eines Schädels zusammenzusetzen, der vielleicht einem Lucumonen angehört hatte; in dieser Art musivischer Stickerei hatte sie eine anerkannte Virtuosität erlangt. Rings um sie her lagen auf Tischen und Canapées dergleichen morsche Fragmente des Altertums. In den zarten Händen einer Edeldame würde sich ein goldbrokatenes Gewebe schöner ausnehmen, als ein antiker Etruskerschädel; und hat nicht im Grunde Lamartine doch Recht gehabt, wenn er Italien das Land der Todten genannt hat?

Die archäologische Wissenschaft muß in einem so uralt geschichtlichen Lande eine wahrhaft unwiderstehliche Anziehungskraft ausüben, wenn die Gräfin Gozzadini sich in Studien dieser Natur versenken konnte, und wenn die Tochter des Herzogs von Sermoneta auf den Glanz und die Genüsse der großen Welt verzichtet, um römische Inschriften zu entziffern, mythologische Reliefbilder zu er-

klären, und in der Eigenschaft eines nationalen Mit=
gliedes an den Sitzungen der Akademie der Lincei auf
dem Capitol Teil zu nehmen.

Die Gräfin zeigte mir die Räume ihrer Villa. Ob=
wol diese zum Gebrauch ihrer weltlichen Bewohner um=
gewandelt und eingerichtet worden ist, so haben sich doch
die charakteristischen Züge ihres Ursprunges noch erhalten.
Die Gemächer mit vergitterten Fenstern sind die ehe=
maligen Klosterzellen, mit Ausnahme des Empfangssaales,
aus dessen Türen man in das Freie tritt. An den
Eingängen der Zimmer stehen Sinnsprüche oder Namen
alter Freudenbrüder. Ueber jenem, welches ich bewohnt
und vor mir Perez inne gehabt hatte, stand Fra Gotti
geschrieben. Hie und da las ich auf den Wänden
Dantesche Verse. Die Capelle und der Klosterhof, aus
welchem schwarze Cypressen emporragen, stehen in unmittel=
barer Verbindung mit den bequem eingerichteten Wohnungs=
räumen.

Wir traten aus dem Saal auf die Terrasse, in den
Schatten hoher, im Luftzuge rauschender Bäume. Von
hier aus übersieht man eins der großartigsten Panoramen
Italiens. Oberwärts ragt im Gebirge die mächtige
Kuppel S. Luca auf und die Säulenhalle, welche dorthin
über die Höhe führt; hinterwärts steht die dunkle Kette
der Apenninen. Zu den Füßen breiten sich die farbigen
Landschaften der Emilia und Romagna aus, bedeckt mit
Villen, Dörfern und Städten. Parma und Modena er=
scheinen so nahe, als könnte man sie in kürzester Zeit
erreichen; in der klaren Morgenluft werden am fernen
Horizont, wie Gebilde der Fata Morgana, sogar die

Türme des alten Ravenna und der hohe Campanile
S. Marco in Venedig sichtbar. Unten sieht man, in der
Nähe der mächtig hingelagerten Stadt Bologna, den Fluß
Reno in seinem breiten Bett voll Kies und Geröll da=
hinziehen, über welches die lange Eisenbahnbrücke ge=
spannt ist.

Ich suchte dort unten im Becken des italienischen
Rheins einen kleinen Ort S. Giovanni, und mein nach=
haltiges Spähen nach ihm erschien der Gräfin unver=
ständlich, bis ich ihr sagte, daß an jenem Ort im
März 1527 der Connetable von Bourbon auf dem ver=
hängnißvollen Marsch nach Rom sein Lager aufgeschlagen,
und die empörten Spanier und Landsknechte daselbst den
erkrankten Frundsberg gezwungen hatten, sich erst nach
Ferrara und dann nach Deutschland zu begeben. Dort
in S. Giovanni endete die Heldenlaufbahn dieses be=
rühmten Generals. Aber was bedeutete Frundsberg für
eine Enkelin Dantes?

Ich begriff es wol, daß Ronzano ein Aufenthaltsort
sei, geeigneter als jeder andere, sich in das Studium der
Altertümer und der Geschichte Bolognas zu versenken.
Hier hat Giovanni Gozzadini im Jahre 1851 die Chronik
Ronzanos und die Erinnerungen an Loderingo von An=
baló geschrieben, denen er seine topographische Monographie
über die Türme der bolognesischen Geschlechter, und die
Schriften über Giovanni Pépoli und Sixtus V., über
Nanne Gozzadini und Baldassar Cossa, den nachherigen
Papst Johann XXIII., folgen ließ.

Es fehlten ihm freilich mit den wesentlichen Eigen=
schaften des Schriftstellers auch manche andere, zumal die

8*

philosophischen, welche den Geschichtschreiber erst zu dem machen, was er sein soll. Gozzadini kann daher keinen Platz unter den hervorragenden Historikern Italiens beanspruchen, nur einen solchen in der Reihe bolognesischer Forscher. Das Beste hat er in den topographischen Studien über seine Vaterstadt geleistet, welche überhaupt manche patriotische Bearbeiter fanden, wie auch die zahlreichen Schriften seines Landsmannes Guidicini beweisen. Er selbst bemühte sich mit Leidenschaft um die Erhaltung und die stilgemäße Wiederherstellung städtischer Bauwerke, wie des Gemeindepalastes und dessen des Podestà, der Kirche S. Francesco und der berühmten alten Basilika Santo Stefano.

Der glücklichste Gedanke Gozzadinis war vielleicht jener, den er in seinem Werk über die Türme Bolognas ausgeführt hat. Diese mittelalterlichen trotzigen Bauwerke, unter denen die Asinella und die von Dante erwähnte Garisenda weltberühmt sind, geben gerade der Stadt ihr finsteres, geschichtliches Gepräge. Gozzadini verband mit der Monographie über sie auch die Geschichte der bolognesischen Adelsgeschlechter, jedoch nur solcher, denen die Türme angehört hatten.

Seit 1859 ist der Graf Giovanni ständiger Präsident der Deputation der vaterländischen Geschichte der Romagna, welche der Dictator Farini gegründet hatte, und er steht auch an der Spitze des Museo civico Bolognas, einer unvergleichlichen Sammlung von Altertümern in den herrlichsten Räumen, die zum großen Teile ihm ihre Vermehrung und Ordnung verdankt.

In vaterländische Studien der Vergangenheit ver=

senkt, hatten die Gozzadini zu Ronzano ein Asyl gefunden während der traurigen Zeit, als das päpstliche Polizei=
regiment und der Druck der österreichischen Verfolgung auf ihrem geliebten Bologna lastete. Von der Höhe
dieser Villa sahen sie endlich das Morgenrot der natio=
nalen Wiedergeburt aufgehen und sich über das ganze italienische Land verbreiten.

Von dort begrüßten die Enkelin Dantes und der letzte Gozzadini mit Begeisterung die Einverleibung der Emilia und Romagna in Italien, und die endliche Ver=
einigung ihres großen Vaterlandes zu einem Nationalreich, dessen Propheten und Martirer Arnold von Brescia, Dante, Petrarca, Cola di Rienzo, Machiavelli und so viele andere berühmte Männer gewesen waren.

Ich hatte die Freude, die Gräfin und ihren Gemal in Rom wiederzusehen, wohin dieser mit ihr gekommen war, um in der neuen Hauptstadt Italiens von seiner Würde als Senator des Königreichs Besitz zu nehmen. Sie verlebten dort einen Winter, und kehrten dann be=
friedigt in ihre Einsamkeit nach Ronzano zurück. Der wortkarge, schweigsame Gozzadini besaß weder die be=
zaubernde Gabe der Beredsamkeit noch das politische Genie, welches seinem edeln, vielseitig gebildeten Freund und Landsmann Marco Minghetti eine bleibende Ehren=
stelle in der Geschichte der letzten Umwälzung Italiens gesichert hat. Er setzte wieder eifrig seine antiquarischen Neigungen als Eremit von Ronzano fort.

Die Gräfin Maria Teresa konnte doch noch einige Jahre lang die teilnehmende Zeugin der ehrenvollen Thätigkeit ihres Gemales sein, bis sie plötzlich der Tod dahinraffte, am 25. September 1881, an demselben Tage, an welchem sich der internationale Congreß der Geologen unter dem Vorsitze Quintino Sellas in Bologna versammelte, und der Graf Giovanni die Eröffnung des Museo civico begehen sollte. Dieses Fest wurde zu ihrer Todtenfeier. Einen schöneren Abschluß konnte ihr Leben kaum finden.

Das Andenken der edeln Frau wird in Bologna lange fortdauern; es ist auch mit der Villa Ronzano unzertrennlich verbunden, welche sie in einer denkwürdigen Zeit zum Sitze patriotischer Studien und zu einem Tempel des Cultus ihres Vorfahren Dante gemacht hatte. Ihr vereinsamter Gemal legte die Erinnerungen ihres Lebens in einem Buche nieder: Maria Teresa di Serego=Allighieri (Bologna 1882), worin er viele an sie und ihn gerichtete Briefe aufgenommen hat.

Mit ihm selbst, dessen einzige Tochter die Gräfin Gozzadina Zucchini ist, wird einst — möchte der Tag noch ferne sein — das berühmte Haus der Gozzadini erlöschen, welches lange Zeit hindurch neben den Lambertazzi, den Pépoli und Bentivogli in Bologna hochangesehen war, und selbst auf hellenischen Inseln als ein Dynastengeschlecht geblüht hat. Die Genealogie der Gozzadini, der Herren von Nanfio, Sifanto, Thermia und Keos hat Karl Hopf, der große Begründer der Geschichte Griechenlands im Mittelalter, mit Hilfe des Gozzadinischen Hausarchivs zusammengestellt und in den Tabellen des Anhanges zu seinen Chroniques Gréco-Romanes im Jahre 1873 veröffentlicht.

Ich füge diesen Blättern, die ich im Jahre 1882

geschrieben habe, noch einiges hinzu, um zu verzeichnen, daß der letzte Gozzadini von Bologna im Jahre 1888, kaum ein Jahr nach dem Tode seines berühmten Mitbürgers Marco Minghetti, gestorben ist. In der Capelle zu Ronzano wurde er neben seiner Gemalin feierlich bestattet. Seine Tochter hat die umfangreiche Bibliothek und das Archiv ihres väterlichen Hauses der Königl. Deputation der vaterländischen Geschichte der Romagna zur Verfügung gestellt und bestimmt, daß der jetzt veröbete Palast Gozzadini dieser wissenschaftlichen Körperschaft zum Sitze diene.

Ein Freund des Hauses, Graf Nerio Malvezzi de' Medici in Bologna, aus dessen Bibliothek der merkwürdige Codex der Statuten der bolognesischen Studentenschaft deutscher Nation stammt, welcher im Jahre 1887 in Berlin herausgegeben ist [1], hat in einem Nachruf das Urteil seiner Vaterstadt über die Verdienste eines ihrer besten Bürger mit diesen Worten ausgedrückt:

„Gozzadini hat die Nekropole von Villanova entdeckt, welche, wenn nicht den ersten, so doch sehr alten Be= wohnern des Bodens von Bologna angehört. Er hat der Archäologie die Entdeckung von Margabotto aufgeschlossen und sich mit Einsicht in die etruskische Cultur vertieft. Er hat die Wasserleitungen und die Thermen des römischen Bologna festgestellt, nicht minder den Umkreis der mittel= alterlichen Stadt, deren Türme und bürgerliche Architectur er beschrieb. Er hat die Zeiten der feudalen Gewalt=

---

[1] Acta Nationis Germanicae universitatis Bononiensis ed. E. Friedlaender et Carolus Malagola, Berolini 1887.

herrschaft, der Freiheit und des Parteilebens der Gemeinde geschildert, wie den Glanz der Renaissance und des Zeitalters der Bentivogli, und wie den Verfall der Stadt während die Nation verfiel. Giovanni Gozzadini hatte von der Geschichte den legitimen Stolz des italienischen Namens geerbt und die Wiedergeburt des Vaterlandes ersehnt. Er besaß keinen persönlichen Ehrgeiz; er suchte das Wol seines Landes, nicht öffentliche Aemter für sich selbst. Sein politisches Glaubensbekenntniß hat er stets aufrecht gehalten in Zeiten des Unglücks wie des Glücks. Sein Name, welchem eine lange Reihe von Ahnen Glanz gab, stralt hell in der heute fast schon dem Niedergange nahen glänzenden Schaar jener Männer, welche durch ihren Geist und ihre Thatkraft gezeigt haben, über wie viel Leben noch immer das «Land der Todten» zu gebieten hat." [1]

---

[1] In der Nuova Antologia, 1888, Heft VI. Eine ausführliche Biographie Gozzadinis von Nerio Malvezzi wird demnächst erscheinen.

Das Urkundenbuch der Stadt Orvieto.[1]

1884.

---

[1] Codice Diplomatico della Città d'Orvieto, Documenti e Regesti dal sec. XI al XV, e la Carta del Popolo .. con illustrazioni e note di Luigi Fumi (Firenze, G. P. Vieusseux, 1884).

Vom Gipfel des hohen Felsenberges über dem Tale des Flusses Paglia glänzt die mosaicirte Façade des Doms von Orvieto wie ein goldener Schild auf die Landschaft herab, weithin sichtbar, gleich dem Parthenon auf der Akropolis Athens. Der Grundstein zu diesem herrlichen Denkmal des Mittelalters wurde im Jahre 1290 vom Papst Nicolaus IV. gelegt, und der Bau dauerte länger als drei Jahrhunderte. Große Maler, Luca Signorelli, Fra Beato Angelico, Gentile da Fabriano, Benozzo Gozzoli, Perugino schmückten das Innere der Kirche mit berühmten Fresken, und Meister aus der Schule des Nicola Pisano bedeckten die Pfeiler und Flächen der Façade mit kunstvollen Reliefs.

Der Dom ist die einzige große geschichtliche That jener kleinen guelfischen Republik gewesen. Alle ihre Lebenskraft scheint in dieses eine Werk der Kunst eingeströmt zu sein, so daß sie sich darin erschöpfte, der Agave vergleichbar, welche vergeht, wenn sie ihren prachtvollen Blütenschaft emporgetrieben hat. Auch in manchen anderen Communen Italiens sind die Kathedralen als die Sarkophage anzusehen, worin jene ihr geschichtliches Leben bestattet haben.

Ohne den Dom würde Orvieto heute keinen höheren Rang besitzen, als Todi und Narni, oder als Amelia und Bolsena, Städte, die niemand aufsucht, es sei denn der Kunstkenner, welcher versteckte Gemälde des Quattrocento besichtigt, und der Gelehrte, der nach alten Urkunden in den Stadtarchiven forscht.

Orvieto hat keine so hervorragende Kirchen und Paläste wie Perugia und Siena, aber es bietet ein Ganzes von unendlichem Reiz der Architectur dar, altchristliche Basiliken, malerische bizarre Häuser und Straßen, welche noch, wie das nur in wenigen anderen Städten der Fall ist, das ganze Gepräge des Mittelalters bewahrt haben.

Der Ursprung der Stadt ist dunkel. Ihr abgesonderter, steiler und breiter Felsrücken, dessen schroffe Abstürze die Ummauerung fast unnötig machten, muß wie jener von Civita Castellana und Volterra, seit den ältesten Zeiten einen etruskischen Ort getragen haben, aber sein Name ist unbekannt. Im frühen Mittelalter hieß die Stadt Urbs vetus. Als solche wird sie schon in den Gothenkriegen erwähnt, und dies lehrt nicht nur, daß sie damals für sehr alt gegolten hat, sondern auch, daß sich große Trümmergruppen ihrer Akropole und anderer antiker Bauwerke erhalten hatten.

Die Langobarden fanden den Namen schon vor, als sie Tuscien neu colonisirten, nachdem der größte Teil der etrusisch-römischen Bevölkerung dieses Landes in den furchtbaren Gothenkriegen ausgerottet worden war. Die

Urbs vetus, welche als Bistum schon im 6. Jahrhundert bemerkt wird, gehörte zur Tuscia longobardica, und Grafen dieses Volks herrschten in ihr. Urkunden ihres Stadtarchivs selbst noch vom 11. und 12. Jahrhundert sind angefüllt mit langobardischen Namen, wie Verizo, Bonizo, Tenzo, Rainer, Farulf, Winisi, Wido, Ildigo, Ildibrand. Alle Landschaften Tusciens, Umbriens, der Sabina, Spoletos waren in jenen Zeiten vom langobardischen Volk besetzt. Die Acten der Klöster zeigen dies. Die Register der berühmten Abtei Subiaco weisen in ihren Urkunden die Namen auf: Arnolfus, Albertus, Albericus, Adenolfus, Baduaro, Balduin, Farolf, Wido, Gottifredo, Girordo, Ilpizo, Ilbebrand, Lambertus, Lando, Rudolfus, Theodoricus u. s. w.

Der Bischof an der ältesten Kathedrale Orvietos, San Costanzo, im Jahre 1029 hieß Sigifriedus. Das angesehenste Signorengeschlecht der Stadt, das der Monald (Monaldi, Monaldeschi) war langobardisch, wie es dort die noch heute in ihrem ererbten Palast dauernde Patrizierfamilie ist, die Gualterii d. h. Waltari. Die mächtigen Hildebrande herrschten Jahrhunderte lang unten in den tuskischen Landmarken und gründeten hier die große Grafschaft der Aldobrandeschi, deren Gebiet sich von Acquapendente über die Marittima bis zum Cap Telamon erstreckt hat.

Im Beginne des 12. Jahrhunderts machte sich die Stadt mit Hilfe des Bischofs vom Banne ihres Grafen frei, und sie bildete eine Commune mit Consuln an ihrer Spitze, welche schon 1137 urkundlich sichtbar sind. Obwol der Papst zwanzig Jahre später das Dominium über Orvieto erlangte, blieb doch die Stadt auch unter der Oberhoheit der Kirche eine autonome Republik mit einem selbstgewählten Podestà, mit ihrem großen und kleinen Rat und den städtischen Gilden. Sie führte mit ihren Nachbarn und den Republiken Toscanas und Umbriens Kriege oder schloß mit ihnen Bündnisse; sie unterwarf Castelle und Landgrafen ihrem Zollsystem und ihrem Heerbann; sie eroberte mit Waffengewalt das ganze fruchtbare Tiefland des Bolsenersees (Valle del Lago), und selbst das Grafenhaus der Aldobrandeschi wurde von ihr in harten Kämpfen bezwungen.

Auch in Orvieto wüteten die Bürgerkriege der Guelfen und Ghibellinen, der Monaldeschi und Filippeschi lange Zeit fort. Sie mußten hier sogar sehr heftig sein, weil Dante in der berühmten Apostrophe des Sordello gerade die Namen der Factionen Orvietos neben denen Veronas gebraucht hat, um die städtische Parteifurie der Italiener zu brandmarken:

> Vieni a veder Montecchi e Capuletti,
> Monaldi e Filippeschi, uom senza cura,
> Color già tristi, e costor con sospetti.

Durch diese inneren Fehden und durch viele andere Kriege wurde die Stadt allmählich an Kraft und Vermögen ganz zerrüttet; ihr freies Gemeindewesen verfiel unter dem Druck der päpstlichen Vicare und der Tyrannen schon am Ende des 14. Jahrhunderts. Im Beginne des 16. war die einst mächtige Guelfenrepublik zum tiefsten Elend herabgekommen, und das hat der Papst Clemens VII. erfahren, als er aus der Engelsburg und der Gewalt der Landsknechte Karls V. entflohen war und dort im wüsten bischöflichen Palast seine Wohnung nahm. Clemens war nicht der erste Papst, dem diese guelfische Stadt ein Asyl bot. Während der stürmischen Jahrhunderte des Mittelalters hat sie manchen andern in ihren Mauern aufgenommen.

Die Geschichte Orvietos ist bisher nur unzureichend behandelt worden. Viele Chroniken, die mittelalterlichen Annalen der Gemeinde, die Chronik der Podestaten, manche Diarien und handschriftliche Stadtgeschichten aus dem 14. Jahrhundert sind untergegangen, und nichts aus jener Zeit übrig, als was Muratori und Gualterio herausgegeben haben. Dieser edirte den wichtigsten aller Chronisten, den Montemarte von Corbara (reichend von 1333 bis 1400); jener außer den anonymen Ephemeriden Orvietos (1342 bis 1363) unglücklicherweise auch die Tagebücher des Ludovico di Bonconte Monaldeschi, welche sich als eine Fälschung herausgestellt haben. Ich habe zuerst auf die Unechtheit dieses Machwerks aufmerksam gemacht, und dann hat sie Labruzzi in einer besonderen Abhandlung ausführlich dargethan; aber trotzdem begegnet man noch zuweilen in Büchern denselben Erfindungen von den Ceremonien bei der Dichterkrönung Petrarcas, und von dem großen Stiergefechte im Colosseum Roms im Jahre 1332. Auch das Geschichtswerk des Cipriano Manente (Venedig 1561—1565) ist voll von Erdichtungen.

Die Geschichte Orvietos wird erst jetzt mit Erfolg geschrieben werden können, nachdem die Reste ihrer echten, urkundlichen Materialien zusammengestellt sind, und das ist eben erst in dem stattlichen Bande geschehen vor mir liegt.

Die Veröffentlichung eines Urkundenbuchs gerade dieser Stadt wird jeden überraschen, der eine Vorstellung von der grenzenlosen Verwahrlosung hatte, in der sich das dortige Gemeindearchiv bis vor noch nicht lange befunden hat. Im Jahre 1863 sah ich dasselbe noch in dem Zustande, in welchem es vom Marchese Filippo Antonio Gualterio gelassen war.[1] Dieser ausgezeichnete Bürger Orvietos und Patriot Italiens hatte dort im Jahre 1843 gearbeitet, aber an der Ordnung des Archivs verzweifeln müssen. In der Vorrede zum Montemarte (1846) beklagte er die „unglaubliche Verwirrung" jener der Fäulnis schmählich überlassenen Schätze und die Verschleuderung so vieler Urkunden, aber er tröstete sich mit der Thatsache, daß noch mehr als 1000 Pergamente und viele hundert Breven erhalten waren, während sich die Ratsprotokolle des 14. Jahrhunderts (wie meistens in den Archiven Italiens) fast ohne Lücken vorfanden. Gualterio fügte seiner Ausgabe des genannten Chronisten eine Reihe wichtiger zum ersten Mal edirter Documente bei, und das Gleiche hatte schon vor ihm Guglielmo della Valle in seiner Geschichte des Domes zu Orvieto gethan (1791).

Die Klagen jenes Mannes und auch Bonainis brachten indes ihre gute Wirkung hervor, sobald mit dem neuen Italien der Eifer für die Erhaltung der

---

[1] Ich berichtete damals darüber an den Unterrichtsminister Michele Amari.

schriftlichen Denkmäler der vaterländischen Geschichte überall neu erwacht war. Die Ordnung des Archivs, soweit sie bis heute fortgeführt werden konnte, ist das Verdienst eines jüngeren Bürgers der Stadt, des Herrn Luigi Fumi, welcher an diese ehrenvolle Aufgabe den unermüdlichen Fleiß vieler Jahre gesetzt hat. Solcher Thaten patriotischer Aufopferung sind also Bürger italienischer Städte aus Liebe zu ihrer Geschichte noch immer fähig.

Die Frucht der Mühen Fumis ist die erste umfassende Sammlung der Urkunden Orvietos, ein Quartband in würdigster Ausstattung von 857 Seiten, die Inhaltsregister mitgerechnet, wozu noch 43 Seiten der Einleitung kommen.

Der Herausgeber hat in dieser bemerkt, daß der städtische Urkundenvorrat im Laufe der Zeit durch Bürgerkriege, Brände und Vernachlässigung sehr stark geschmälert worden ist. Das Communalarchiv und jenes der Notare haben fast alle Documente vor dem 13. Jahrhundert verloren. Die Protokolle des Rats aus demselben Zeitraum fehlen. Das älteste Domarchiv hat im Jahre 1154 ein Brand vernichtet. Das Archiv des neuen Doms, welches seit 1321 angelegt war, hat nicht minder große Verluste erlitten. Von den Archiven der Stadtklöster ist nichts erhalten worden.

Das meiste Material hat immer das Communalarchiv geliefert, namentlich aus den Copialbüchern der Notare, welche zu ihrer Zeit auf Befehl der Podestaten oder Capitane des Volks Regesten zusammengetragen haben. Manches schöpfte Fumi aus dem Domarchiv und der bischöflichen Kanzlei, und er benutzte auch die Archive in Todi, Perugia, Spoleto, Viterbo, Florenz, Siena und das vaticanische.

Als seinen Zweck bezeichnet er: durch so viel Documente als möglich eine richtige Vorstellung zu geben von der politischen Verfassung, den rechtlichen und ökonomischen Einrichtungen und den Beziehungen Orvietos zu anderen Städten, namentlich zum heiligen Stul. So hofft er mit diesem Quellenwerk die feste Grundlage für eine künftige Geschichte seiner Vaterstadt gelegt zu haben, und darin hat er sich nicht getäuscht. Wir müssen uns an dies Programm halten und nicht mehr verlangen als die möglichste Fülle des Materials.

In der Einleitung vermisse ich aber doch einen Ueberblick der politischen Geschichte der Commune in ihren wichtigsten Phasen. Durch sie würden die Urkundengruppen, welche in chronologischer Folge gegeben sind, noch ihre historischen Kategorien erhalten haben. Ich vermisse ferner eine Liste der Podestaten und Volkscapitäne, wenn auch eine solche nur sehr unvollständig hätte ausfallen können. (Ich erinnere an den brauchbaren Katalog der Podestaten Todis von Ottaviano Ciccolini.) Die städtischen Urkunden des 13. und eines Teils des 14. Jahrhunderts bieten immerhin eine ansehnliche Reihe von Podestaten dar; darunter ist die sehr merkwürdige Gruppe jener, die sich Orvieto vom römischen Adel geholt hat, die Parenzi, Colonna, Anibaldi, Orsini, Cenci, Stefaneschi. Ihre Namen finden sich in derselben Epoche der städtischen Macht Roms, in den Listen der Podestaten mancher Orte Umbriens und Toscanas mit dem stolzen Titel Proconsules Romanorum.

Leider hat die ganze Zeit des langobardischen Comitats keine einzige Urkunde zurückgelassen. Die Reihe der

Regesten beginnt Fumi erst mit einer Schenkung vom Jahre 1029, und das ganze 11. Jahrhundert ist nur mit 10 Documenten vertreten, das 12. hat 38 aufzuweisen, und dann mehrt sich die Zahl in starker Zunahme.

Das Jahr 1157 macht für Orvieto eine geschichtliche Grenzlinie, weil damals der Papst die Herrschaft über diese Stadt erlangte. Die Convention zwischen Hadrian IV. und der Gemeinde wurde im Februar 1157 von zwei Consuln und zwei Nobili, und von sieben Cardinälen abgeschlossen. Diese Urkunde fehlt offenbar im Stadtarchiv, aber der Herausgeber hätte sie aus Muratori (Antiq. It. IV, 36), oder aus Theiner (Cod. Dipl. I, 17) wieder abdrucken sollen. Hat er doch da, wo wichtige Kaiserurkunden und Bullen fehlten, nicht versäumt, solche aus Böhmer und Ficker, oder aus Baluze und Theiner zu wiederholen.

Die von Fumi gesammelten Documente konnten von vornherein keine vollständigen Regesten der Stadtgeschichte darstellen, aber sie bieten doch eine bedeutende Masse dar, und sie beleuchten vielfach die Verfassung der Commune, ihr Parteileben, ihr Verhältnis zur Kirche, die Bündnisse und Kriege mit vielen Städten und Signoren, das Anwachsen der städtischen Macht durch Eroberung oder Unterwerfung von Gemeinden und Landgrafen.

Sehr reichhaltig sind die Urkunden, welche die Beziehung Orvietos zu den Aldobrandeschi betreffen. Die Genealogie dieses berühmten Hauses kann daraus ergänzt werden. Der Teilungsvertrag vom Jahre 1216 gibt auch einen Umriß des ganzen territorialen Inhalts dieser großen Grafschaft.

Die älteste Papstbulle im Stadtarchiv ist vom 16. October 1156, eine Bestätigung der Güter des Domkapitels S. Costanzo durch Hadrian IV. Mit Gregor IX. werden die auf Orvieto bezüglichen Breven und Bullen sehr zahlreich. Eine starke Urkundenpartie betrifft die Ketzerverfolgung im Jahre 1268, wo Orvieto von ghibellinisch gesinnten Patarenern erfüllt war. Mit einer langen Reihe von Bullen und Breven tritt Bonifacius VIII. in der Geschichte der Stadt auf, ihr besonderer Freund. Er bestätigte sie im Besitze des Seetales. Nach seinem Tode bemächtigte sie sich sogar der Grafschaft der Aldobrandeschi.

Von Kaiserdiplomen sind nur sechs in die Sammlung aufgenommen, welche alle bekannt sind.

Mit dem 14. Jahrhundert begann Orvieto zu sinken. Unter heftigen Parteikämpfen warfen sich erst die Monaldeschi zu Tyrannen der Stadt auf, dann bewältigten dieselbe die Präfecten von Vico, bis sie der große Cardinal Gil d'Albornoz wieder zur Kirche zurückbrachte. Fumi hat den Beschluß der Unterwerfung der Stadt unter diesen Cardinallegaten vom 24. Juni 1354 abgedruckt, welcher bei Theiner fehlt.

Ich weiß nicht, ob nicht noch einige, die Präfecten von Vico betreffende Instrumente hier aufzunehmen waren. In einer Note zur Geschichte der Stadt Rom im Mittelalter (VI. [3], 344) habe ich folgendes bemerkt: „Das Stadtarchiv Orvieto besitzt mehrere Pergamente aus der Zeit Johanns von Vico, der sich dort nennt illustris civitatis comitatus ac districtus Urbis Veteris liberator et dominus generalis. Auch aus der Zeit des Albornoz gibt es dort viele Pergamente; aber dies kostbare Material fand ich in einem heillosen Zustande, Lumpen gleich in Kisten zusammengepackt."

Im Jahre 1368 enthob Urban VI. die Stadt der Verwaltung des Rectors des Patrimonium S. Petri und stellte sie unmittelbar unter einen päpstlichen Vicar. Er ließ dort die Rocca bauen. Im Jahre 1377 befahl Gregor XI. die Einrichtung eines Studium oder einer Universität in Orvieto. Für alle diese Verhältnisse, sodann für die Zeiten des Schisma, die Unternehmungen der Bandengenerale und des Königs Ladislaus von Neapel ist reichliches Urkundenmaterial beigebracht. Schon vor Jahren benutzte Fumi dasselbe zu seiner Monographie „Braccio in Rom, Briefe Braccios und des Cardinals Isolani" (Siena 1877).

Der Regestenband schließt mit einer Bulle Pauls II. vom 13. April 1466. Als Anhang sind die Statuten der Stadt abgedruckt, oder vielmehr die Carta del Popolo, deren Ursprung bis 1209 hinaufreicht. Dieses von jedem Volkscapitän beschworene sehr merkwürdige Verfassungsbuch, eine Magna Charta Orvietos, ist älter als das Gemeindestatut (Statutorum Civitatis Urbis Veteris volumen, Roma 1581).

Der Herausgeber hat mit dieser kostbaren Quellensammlung der Geschichte des italienischen Mittelalters einen erwünschten Dienst geleistet, seiner Vaterstadt im besonderen ein dauerndes Monument errichtet. Ich hoffe, daß er den Schluß daraus ziehen und ihre Geschichte schreiben wird. Sein Regestenband ist der achte in der Reihe der Documenti di Storia Italiana, welche die unter der Leitung Marco Tabarrinis stehende Deputation der Studien vaterländischer Geschichte für die Provinzen Toscana, Umbrien und die Marken bisher veröffentlicht hat, und diese Bände legen Zeugniß davon ab, daß Florenz auch nach der Wiederherstellung Italiens geblieben ist, was es zu seinem hohen Ruhm in der schwierigen Uebergangsepoche gewesen war: ein fester Herd und Mittelpunkt der italienischen Geschichtsforschung. [1]

---

[1] Die drei ersten Bände der Documenti enthalten die Kommissionen des Rinaldo degli Albizzi für die Commune Florenz (1339—1433); Band IV die Chroniken der Stadt Fermo; Band V die Chroniken der Stadt Viterbo; Band VI Chroniken des 13. und 14. Jahrhunderts; Band VII Statuten der Universität Florenz vom Jahr 1387.

Das Bourbonenschloß Caserta.

1866.

Eine halbe Stunde vor Neapel hält der römische Eisenbahnzug wenige Minuten bei Caserta. Orangenduft weht dem Reisenden aus offenen oder versteckten Gärten entgegen, während er mit Verwunderung auf die gewaltige Barock=Façade eines Prachtschlosses in unmittelbarer Nähe der Station blickt. Wenn er des Landes nicht kundig ist, ahnt er kaum, daß dieses Schloß wie eine riesige Coulisse eine ganze belebte Stadt seinem Blicke fast verbirgt; er erinnert sich flüchtig an die jetzt vertriebene Dynastie, welche vor mehr als hundert Jahren diesen Luxusbau errichtet hat, und rollt durch das blühende Land voll Ungeduld weiter nach dem großen Neapel.

Der Palast von Caserta verdient aber doch einen Besuch. Er galt am Ende des 18. Jahrhunderts als einer der großartigsten und schönsten Europas, und noch spiegelt er die letzte Epoche des absoluten Königtums ab, dessen bourbonisches Princip gewesen war: tel est mon bon plaisir. Alle durch Größe und Pracht berühmten Residenzen von Königen gehören den Zeiten vor der Französischen Revolution an, zumal der Epoche Ludwigs XIV. und XV.

Als Karl III. von Bourbon, der Stifter des letzten Herrscherhauses von Neapel, dessen einzige Zierde er war, das Schloß Caserta zu bauen unternahm, gab es schwerlich eine Stimme, die ihn nutzloser Verschwendung anklagte, sondern jeder Mann pries ihn, weil er ein Denkmal des Friedens, der Künste und des Glanzes der neapolitanischen Monarchie erschuf, womit er selbst die Bauwerke von Versailles und das berühmte Schloß La Granja, welches sein eigener Vater Philipp V. im Jahre 1716 erbaut hatte, zu überstrahlen gedachte. In der That war es dieser Wetteifer, der den ehrgeizigen König trieb, die Schlösser von Portici, Caserta, und Capo di Monte zu errichten, da die Residenz in Neapel selbst schon seit Philipp III. bestand und er ihr nur das große Theater San Carlo hinzufügen konnte.

Der Baumeister Casertas war Luigi Banvitelli, welchen Karl aus Rom kommen ließ, während sein eigner berühmter Architekt Carasale, durch den er jenes Theater San Carlo hatte erbauen lassen, mit Undank belohnt, oder wegen begünstigten Unterschleifs im Castell San Elmo gefangen saß, wo er im Elend starb. Der König Karl begann den Bau des Schlosses im Jahre 1752; er vollendete ihn nicht; er bestieg im Jahre 1759 den spanischen Tron, und übergab das Königreich Neapel seinem Sohne Ferdinand IV., welcher den Palast Caserta weiter baute. Der materielle Bau kostete die Summe von sieben Millionen Ducaten, ungerechnet die innere Ausrüstung durch Möbel und Kunstgegenstände.

Das riesige Bauwerk, 780 Fuß lang, 125 Fuß hoch, mit vier Höfen, mit kaum zählbaren Gemächern, wirkt durch seine imposante Masse, durch die Großartigkeit der Anlage, die durchgehende Klarheit und Sicherheit, die Ruhe und das Ebenmaß der Verhältnisse. Dies ist freilich alles, was man zum Lobe seiner Architektur sagen kann. Es ist ein weiter Abstand von Bramante und Palladio zu Vanvitelli; was dazwischen liegt, die Blüte der Roccoco=Periode mit ihrer Ueberladung, aber auch mit ihrer wunderbaren Fülle, ist hier abgethan, und die uniforme Nüchternheit der modernen Zeit kommt zur Darstellung. Es ist das Genie der Prosa, ein geheimniß= loser nackter Verstand, ins Große gehend.

Das Schloß Caserta konnte schwerlich durch das Leben des neapolitanischen Hofes jemals ganz erfüllt werden; es hätte dazu des Glanzes der spanischen oder französischen Monarchie bedurft. Bald genug, nach dem Ausbruche der Französischen Revolution, wurde dieser ungeheure Palast das sorgenvolle Sanssouci des Königshauses unter Stürmen von Empörung, Krieg und Restauration voll quälerischer Despotenfurcht und schlaflosem Argwohn.

Heute ist hier alles todt und leer. Die langen Reihen der Fenster sind mit grauen Jalousien geschlossen; kein Kerzenschein flimmert aus den Prunksälen am Abend; kein Ton erschallt; keine Karosse fährt durch das hohe und prachtvolle Portal. Nur zwei Soldaten unter Gewehr wandeln dort auf und ab. Sind sie die respectvolle Ehrenwache für ein großes Monument der geschichtlichen Vergangenheit, welche die Gegenwart ausgelöscht hat? Nein! sie hüten dies unbrauchbar gewordene Bauwerk für den neuen Besitzer, welcher wahrscheinlich niemals dort wohnen wird. Es könnte den Briganten, die auf dem

Monte Taburno lagern, gelüsten, nächtlicher Weile herabzusteigen und in den Gemächern des Schlosses nachzusehen, ob ihr legitimer verjagter König dort einige Kostbarkeiten für sie zurückgelassen hat.

Im Innern des Portals und des Bogenganges, welcher die ganze Tiefe des Schlosses zwischen den Höfen durchzieht und geradezu auf den Park führt, sitzen Custoden schläfrig auf Stühlen; sie haben nichts mehr zu thun. Die Schildwache vor der Haupttreppe erlaubt dem Neugierigen, auch wenn er nicht mit einer Eintrittskarte aus der Präfectur versehen ist, diese großartige Treppe bis zum obersten Aufsatz zu besteigen.

Das Treppenhaus in Caserta, hoch und luftig, bequem und glanzvoll, mit Säulen, Gemälden, Stuccaturen überreich ausgestattet, ist der Musterbau dieser Art; keines der berühmten Treppenhäuser in Palästen Italiens kann mit ihm wetteifern. Die Scala regia Berninis im Vatican weicht ihm wenigstens an Eleganz. Ueber diese glänzenden Marmorstufen und durch die stralende Vorhalle von dorischen Säulen aus sicilianischem Stein hätten sich Könige und Königinnen des größten Reichs mit ihrem Troß von Cavalieren und Hofdamen gehobenen Gefühls auf- und abbewegen können, zu Festen in den Sälen, zum Lustwandeln im Park, zu den Jagden und Spazierfahrten. Für den neapolitanischen Hof war all diese Pracht doch zu groß, auch in der Zeit der Königin Caroline. Ich glaube, daß hier rechte volle Lebensfreude niemals geherrscht hat, daß sich hier der Hof der Neapolitaner gelangweilt hat. Die Ebene Casertas ist einförmig, und es fehlt das Meer.

Ein Gefühl langweiliger, geistloser Leere ergreift den

Besucher in den Prunkgemächern und Sälen, wo nichts als genial und bedeutend sich bemerkbar macht. Nur der Reichtum an dem herrlichsten Marmor jeder Art macht erstaunen.

Als das Schloß begonnen wurde, waren Herkulanum und Pompeji aufgefunden worden. Manches antike Material wanderte nach Caserta hinüber; eine Menge von Säulen gab der Serapistempel in Pozzuoli für das Schloß her. Mosaicisten, Maler, Holzschneider, Stuccaturarbeiter strengten sich an, diesen königlichen Palast zu einem Museum aller Künste damaliger Zeit zu machen. Aber die Malereien von Bonito, Mengs, Hackert und andern Meistern, die damals Größen waren, sind heute nicht mehr genießbar.

Als Goethe Caserta besuchte, wo er sich zwei Tage lang aufhielt, fand er dort Hackert, der im Auftrage des Königs Gemälde ausführte, während Tischbein an dem Porträt der schönen Miß Emma beschäftigt war. Sein Urteil über den Palast ist vollkommen zutreffend; er fand ihn ungeheuer, escurialartig, königlich, aber unbelebt und durch seine leeren Räume unbehaglich. Manche Teile des Innern waren damals erst im Entstehen begriffen; einige sind sogar heute unvollendet geblieben.

Ich fragte in Caserta, wozu man dieses Riesenschloß zu verwenden beabsichtige, und jeder Mann war in Verlegenheit, mir darauf Antwort zu geben. Die Umwälzung Italiens hat überhaupt die Folge gehabt, daß eine große Zahl zum Teil kolossaler königlicher Gebäude leer und inhaltslos an den Fiscus gekommen sind, ohne daß man weiß, was mit ihnen anzufangen sei. Die enttronten

Fürsten haben eine Reihe von Palästen, Residenzen und Lustschlössern zurückgelassen. Was soll damit geschehen? Wodurch kann das gigantische Schloß von Parma ausgefüllt werden? Auch die vom Staate nicht mehr anerkannten Orden lassen in Italien viele burgähnliche Abteien und Convente leer. Womit sollen diese großen, oft prächtigen Bauwerke, in deren Zellen und Höfen schon jetzt die Spinne webt und das Gras wächst, wieder belebt werden? Sie stehen obenein meistenteils an abgelegenen, oft mühsam zu erreichenden Orten, also außerhalb des Verkehrs.

Zu diesen Monumenten einer abgestorbenen Zeit werden sich auch manche Kirchen gesellen, denn die Zahl der Gotteshäuser ist größer, als das Bedürfniß der Gegenwart und Zukunft sein kann. So viele Hunderte von verlassenen, großen Bauwerken können schwerlich mehr durchweg für die Zwecke der modernen Gesellschaft dienstbar gemacht werden, denn es gibt schon Museen, Hospitäler und Kasernen mehr als genug.

Mancher Bauten wird sich die Industrie bemächtigen können, wie es bereits geschehen ist und geschieht. Das einst prachtvolle Schloß der Prinzen Ludovisi in Sora ist heute für eine Tuchweberei eingerichtet. Die Centralisation Italiens, der Fall der ehedem mit fürstlichen Rechten ausgestatteten Kirche und die Aufhebung ihrer geistlichen Corporationen wird demnach dieses Land um eine dritte ansehnliche Ruinenmasse vermehren. Zu den Monumenten des Altertums und der früheren wie späteren Feudalzeit werden sich die Trümmer des Kleinfürstentums und der Kirche gesellen.

Die Zeit hält in bestimmten Epochen ihr Scherben=
gericht, welchem nichts entrinnen kann. Sie hat das
Privilegium des Vandalismus, auch ohne daß sie mit
gewaltsamer Hand zerschlägt. Sie raubt den Denkmälern
der Architektur, die einst lebensvolle Producte der mensch=
lichen Gesellschaft waren, das Bedürfniß der Gegenwart,
welches ihre Seele ist, und sie zerfallen dann wie ein
todter Körper zerfällt. Das Gesetz des moralischen Unter=
ganges der Menschenwerke hat freilich und glücklicherweise
seine Ausnahmen; das Pantheon Agrippas steht noch
heute aufrecht; es verdankt seine Rettung der Kirche, die
es in ihren Dienst zog. Wir wollen hoffen, daß die
Italiener Patriotismus genug besitzen werden, um die
prachtvollen Abteien von Montecasino, Pavia, San Mar=
tino, und andere Denkmäler der Kunst noch für lange
Zeit zu erhalten. Auch Caserta dürfte solchen Schutz
beanspruchen.

Zu einem Schloß gehört auch ein Park. Man wird
von einem solchen im sonnigen Lande Neapels, in einer
durch ihre Schönheit berühmten Natur alle Fülle und
allen Zauber des Südens erwarten; doch man findet
nichts davon im Parke Casertas. Er stimmt in
seinem Charakter durchaus zu der imposanten Einfachheit
des Palastes, und vielleicht machte gerade dies den mäch=
tigsten Eindruck: ein ungeheueres Feld zu den Hügeln
des Hintergrundes aufsteigend, durchschnitten von einem
breiten Wege, der Länge nach daneben von einem Wasser=
kanal durchflossen. Dieser fällt von der Höhe herab in
Kaskaden, bildet sodann Teiche, die von Marmorgruppen
in edler Einfachheit verziert sind, und wird wieder zum

Flusse, welcher endlich unterirdisch fortströmt, um als Wasserleitung in Neapel auszumünden.

Der Wassersegen, den diese große Stadt empfängt (er ist freilich nicht ausreichend), ergießt sich demnach aus dem Füllhorn jener königlichen Ubertas, welche diesen Prachtpalast erschuf, aber ihn doch zugleich mit dem öffentlichen Wole der gesammten Residenz in Verbindung brachte und dadurch den Egoismus seines Ursprungs minderte. Es ist bekannt, daß diese Carolinische Wasserleitung aus dem Berge Taburnus durch das kühne großartige Brückenwerk von drei Bogenreihen übereinander über dem Tale Maddaloni nach dem Garten von Caserta geführt ist. Dieser Ponte alla Valle ist unter dem Könige Karl von Vanvitelli erbaut worden, und hat so viel gekostet, als der Palast selbst, nämlich sieben Millionen Ducaten.

Nichts belebt die Buschwerke und Alleen des Parks, oder die großen Wiesenflächen, als zahllose Fasanen. Da sie alle von derselben braunen Farbe des Gefieders sind, so vermehren sie noch den Eindruck der Monotonie des Ganzen. Ueber diese armen Geschöpfe legitimistischer Abkunft ist neuerdings eine fatale Seuche hereingebrochen, so daß sie zu Hunderten abstarben, die unschuldigsten von allen Höflingen der Bourbons. Es gibt im Park auch manchen schönen Versteck, kleine Anlagen, Meiereien, Kioske, ein Roccocoschlößchen im Wasser, und dergleichen Lieblingspartien der Königin Caroline. Ich verdankte die Kenntniß davon nicht dem Custoden, sondern einem turiner Offizier, der vom Schlachtfelde von Custozza in seine Garnison nach Caserta zurückgekehrt war, und meinen Führer machte

Ein paar Millien vom Schloß entfernt liegt der Hügel von S. Leucio; er verdankt seine Berühmtheit einer philanthropischen Anwandlung des Königs Ferdinand IV., welcher dort eine Mustercolonie zu gründen beschlossen hatte. Sein Edict vom Jahre 1789, dem Jahr der Französischen Revolution, beginnt wörtlich so: „In der großartigen Wohnung von Caserta, welche mein erlauchter Vater begann, und die ich fortsetzte, fand ich nicht die Stille und Einsamkeit, welche ich für das Nachdenken und die Erholung des Geistes bedurfte, sondern nur eine andere Stadt mitten in der Campagna, mit denselben Ideen des Luxus und der Pracht einer Hauptstadt. Ich suchte daher einen abgelegeneren Ort, gleichsam eine Einsiedelei, und ich fand dazu den Hügel von S. Leucio wol geeignet." Man erwäge dies Selbstbekenntniß eines Königs — was war Caserta schon damals? ein verfehltes Sans=souci, wohin dem Monarchen, der damals noch, trotz seiner plebejischen Grundnatur, einige höhere Impulse von außen erhielt, der ganze Bacchantenzug des großen Hoflebens auf den Fersen folgte. Der König also, der sentimentalen Mode der Zeit Rechnung tragend, bedeckte jenen Hügel mit Gebäuden und Fabriken, und setzte in diese eine Colonie von 31 Familien, deren Pflicht es war, glücklich zu sein. Er gab ihnen einen Codex ikarischer Gesetze, an deren Spitze die völlige Gleichheit aller geschrieben stand. Sie trugen alle das gleiche Kleid; sie hatten nicht Unterschied von Stand und Rang. Die Familienhäupter wählten Aelteste, ihre Magistrate für ein Jahr, und ihre Richter in Civilsachen. Die Ehen wurden durch freie Wahl geschlossen; es gab kein Heiratsgut; der König setzte die neue Familie in ein neues Haus und versorgte sie mit allen Werkzeugen, deren ihre Handarbeit bedurfte. Die Testamente waren abgeschafft. Das Gut des Erblosen fiel der Gemeinde zu. Alle Kinder mußten Schulunterricht genießen; außerdem wurde jedes nach Talent und Neigung in einer Kunstfertigkeit ausgebildet.

Der König hatte diese Verfassung für seine Colonie mit eigner Hand geschrieben, und er schloß sie mit diesen Worten: „Ich gebe euch diese Gesetze, Bürger und Colonisten von S. Leucio; beachtet sie und ihr werdet glücklich sein." Wenn man sich Ferdinand IV. zehn Jahre nachher vorstellt, fraternisirend mit Blutmännern, Brigantenchefs und einem Cardinal Ruffo, in der Mitte des schrecklichen Pöbels von Neapel als Lazzaronikönig, gefühllos bei dem Anblick des Leichnams des Herzogs Carracciolo, befriedigt durch das Blut der edelsten Männer, eines Cirillo und Pagano, und so vieler anderer, so wird man Mühe haben zu glauben, daß es derselbe Monarch war, welcher die Republik freier, gleicher und glücklicher Bürger von S. Leucio gestiftet hatte. Und doch war sie sein Lieblingswerk gewesen und hatte seinen Namen in ganz Europa verherrlicht. Das war in Wahrheit die wunderbarste Eroberung, welche die französische Philosophie Voltaires und Rousseaus, welche überhaupt die Philosophie jemals seit den Tyrannenbändigern des Altertums gemacht hat. Schon dies war wunderbar, daß ein König, wie Ferdinand IV., der sich damit vergnügte, in einer Garküche als Koch verkleidet öffentlich aufzutreten, überhaupt nur zu der Vorstellung kam, daß es so Etwas wie „Nachdenken" gab? Die berühmte Colonie S. Leucio also war für das

Gefühl des Königs eine Art von philanthropischem Treib=
haus neben seinem Palast zum Zeitvertreibe, wo der
launische Despot die seltensten aller Geschöpfe auf Erden
erziehen wollte, nämlich Menschen, die wirklich glücklich sind.

Das utopistische Problem wurde im Ganzen gelöst;
die Colonisten arbeiteten, namentlich in Seide, und sie
mehrten sich. In einigen Jahren verdoppelte sich ihre
Zahl. Der Geschichtschreiber Colletta, welcher dies selt=
same Phänomen in die Geschichte der Meinungen seiner
Zeit aufgenommen hat, rühmt ihr Gedeihen, bis auch
diese stille Gemeinde in den Strom der Revolution und
der Parteileidenschaften hineingerissen wurde. Ihre Gesetze
gingen unter; doch der bewohnte kleine Ort mit einem
Casino des Königs und noch thätigen Seidenfabriken besteht.

Ich bedaure es, daß ich ihn zu besuchen verhindert
wurde — durch die Briganten, welche dort streifen. Diese
bourbonischen Ritter vom Busch waren auch schuld, daß
ich nicht zu der alten Stadt Caserta hinaufgelangte. Sie
liegt nämlich mehrere Millien entfernt auf einem felsigen
Höhenzuge über der modernen Stadt, halb in Ruinen,
doch nicht ganz verlassen. Noch steht in mächtigen
Trümmern das alte Grafenschloß der Gaetani von Rom.
Denn diese erhielten einst in der Zeit, da Bonifacius VIII.
den heiligen Stul bestieg, vom zweiten Anjou die Graf=
schaft Caserta zum Lehn. Sie blieb ihrem Hause bis
zum Jahre 1750, wo sie Karl III. dem Herzoge von
Sermoneta=Gaetani abkaufte, um sein Schloß anzulegen.
Die alte Burg mag noch langobardischen Ursprungs sein;
ihr mittelalterlicher Name ist Casa Erta, das steile Haus.

Die Abruzzen.
Ihre Geschichte und ihre Kunstdenkmäler.

1889.

Der Name „Abruzzen", ein Wort, welches nicht gleich so vielen andern italienischen Provinzialnamen melodisch und wohllautend, sondern rauh und fremdartig klingt, erweckt in der Einbildungskraft dessen, der ihn aussprechen hört, sofort die Vorstellung eines Landes von eigenartiger, wilder und majestätischer Schönheit. Und das ist kein Irrtum. Der Apennin, welcher dort die Erde Italiens fester mit seinen Ketten umschließt, bildet daselbst seine mächtigste centrale Gebirgsmasse, und er erhebt aus dieser seine höchsten Berge, den Gran Sasso d'Italia, den Majella, den Velino und andre, deren Häupter ewiger Schnee bedeckt.

Man sieht dort ungeheuere Labyrinte von tief zerrissenen Schluchten und Tälern, durch deren Felsenrinnen Flüsse und Bäche strömen und das Meer suchen, während unterwärts die Wellen dieses Adriatischen Meeres Küstenstriche bespülen, die bald öde, sumpfig und ungesund, bald lachend und von üppiger Vegetation bedeckt sind. Dann bewundert man wieder prachtvolle Hochflächen und Ebenen, reich an Weideland und Saatgefilden, sonnige Hügel, welche Burgen krönen, und man findet uralte Städte, deren Gründung sich noch in das Dunkel der Sage verliert. Sie sind von einem starken, meist noch patriarchalischen und thätigen Menschengeschlecht bevölkert.

Vor einer Reihe von Jahren durchzog ich einen großen Teil der Abruzzen, und diese italienische Schweiz hat mir einen unauslöschlichen Eindruck zurückgelassen. Selten habe ich irgendwo anders ein so großartiges, wahrhaft classisches Landschaftsgemälde erblickt, als jenes ist, welches sich von den Abhängen des Monte Velino bis zu den Ufern des Sees von Fucino niedersenkt, der wie ein funkelnder Edelstein von dem Ringe der herrlichsten Gebirge eingefaßt lag. Dieser See ist leider seit einigen Jahren verschwunden, wie auch der berühmte Kopeis-See in Griechenland aus der böotischen Landschaft in derselben Zeit verschwunden ist. Was weder der gewaltige Julius Cäsar, noch der Kaiser Claudius zu vollbringen im Stande gewesen waren, das hat in unserem Zeitalter der Industrie, der Kapitalkraft und des Utilitarismus ein kühner römischer Bankier durchgeführt. Er hat durch die Eindämmung und Ableitung des Fucino-Sees Italien, ich weiß nicht um wie viele Hektaren neuen Ackerlandes reicher, aber zugleich um ein köstliches Kleinod der Natur ärmer gemacht.

Das Land der Abruzzen war, trotz seiner alten Berühmtheit, noch vor funfzig und weniger Jahren von Reisenden sehr selten besucht. Wer es damals durchwanderte durfte mit Recht ausrufen: avia peragro loca. Heute aber hat sich doch alles verändert. Die moderne Cultur ist auch in diese wilden Gebiete der Marsen und Peligner eingezogen. Mit Bequemlichkeit reist man jetzt auf der Eisenbahn von Rom nach Pescara längs jener Via Valeria, welche die alten Römer gebaut haben. Sie geht über Tivoli nach Avezzano, nach Sulmona, Popoli und Chieti, und trifft in Pescara die adriatische Bahn.

Die Provinzen, welche den allgemeinen Namen Abruzzo führen, haben in alten Zeiten keine politische und ethnographische Einheit gebildet. Ihr Name selbst entstand aus der barbarischen Umgestaltung eines antiken Worts, nämlich aus der Region der Pretuzi, deren Hauptstadt Interamnia das heutige Teramo gewesen war. Ptolemäus bezeichnet diesen Ort als eine Gemeinde der Pretuzi. In Urkunden der sabinischen Abtei Farfa findet sich oft Teramo genannt als Civitas Aprutina. Das eigentliche Abruzzo ist demnach ursprünglich der District von Teramo gewesen. In welcher Zeit sodann dieser cantonale Begriff auf die übrigen angrenzenden Landschaften ausgedehnt wurde, ist unbekannt.

Die italischen Völkerschaften, welche dort ihren Wohnsitz genommen hatten, gehörten zu dem umbrisch-sabellischen Stamm, der in der Vorzeit die Landschaft Savinium oder Samnium in Besitz hatte. Der Sulmonese Ovid nennt seine Landsleute durchaus Sabelli. Nachdem dieses Volk das ganze heutige Gebiet Abruzzo besetzt hatte, wurden die Grenzen desselben gebildet durch die Landschaften der Equer und der Herniker, durch die Sabina, Campanien und das eigentliche Samnium. Die Sabeller teilten sich in Stämme oder Tribus, unter dem Namen der Pretuzier, Vestiner, Marruciner, der Frentaner, Peligner und Marsen. Sie waren Ackerbauer und Hirten.

Weil das Land, soweit es in ihrem Bereiche lag,

keine guten Häfen besaß, konnten weder sie selbst zu überseeischen Handelsunternehmungen geeignet sein, noch fremde Völker von jenseits der Adria angelockt werden, an jenen italischen Küsten Colonien anzulegen. Apulien, Calabrien und Samnium besitzen alte Sagen, welche ihre primitive Cultur mit Herkules und den Heroen Trojas und Kretas in Verbindung bringen. Auch die Abruzzen haben ähnliche Mythen antiquarischen Ursprungs; so hieß es von der Stadt Sulmona, daß sie von einem Könige Phrygiens mit Namen Solimon gegründet worden sei; Teate leitete seine Entstehung von der Mutter des Achill ab, und das Volk der Marsen rühmte sich von Marsias, einem lydischen Heerführer, abzustammen.

Auf der ganzen Küstenlinie des Adriatischen Meeres in nördlicher Richtung beginnen die größeren Häfen erst mit Ancona, der einzigen Stadt im mittleren Italien, welche griechischen Ursprungs ist, da sie als Colonie der Syrakusen entstanden war. Weiter hin nach Süden gibt es am Adriatischen Meere genügende Häfen erst von Sipontum ab, dem heutigen Manfredonia unter dem Berge Garganus.

Demnach erklärt sich die Thatsache, daß auf dem Meergestade der Abruzzen zu keiner Zeit große Seestädte entstanden sind. Weder Castrum Novum (heute S. Flaviano), der Hafen Interamnias, noch Hadria, Ortona, Histonium waren irgend jemals Emporien von geschichtlicher Bedeutung.

An der Mündung des Flusses Aternus, welcher die Gauen der Vestiner von denen der Marruciner trennte, lag der ansehnliche Ort Atornum, der jenen beiden Völkern

zum gemeinsamen Hafen diente, und dort entstand auf
seinen Trümmern im Mittelalter die Stadt Pescara.
Schon dieser Name beweist, wie Kiepert bemerkt hat, daß
der Hafenplatz weniger Handelsgeschäften als der Fischerei
gedient hat.

Im Allgemeinen können die Orte im Lande der
Abruzzen während des Altertums nur kleine cantonale
Mittelpunkte gewesen sein, die mit ihren Landmarken,
Agri genannt, politische Gemeinden bildeten. Wenn es
dort überhaupt eine einheimische Cultur gab, so wurde
dieselbe sehr bald von den benachbarten, gebildetern Völkern
beeinflußt, von den Etruskern, den Campanern und den
reichen Colonien Großgriechenlands. Vor allem sind es
die Etrusker gewesen, welche sich bis zum Meere der
Picener ausdehnten, und Hadria war eine ihrer Colonien.
Vielleicht haben die Campaner und die Etrusker die erste
Cultur in den Abruzzen eingeführt. Sonst aber verdankten
Teate, der Hauptort der Marruciner, Pinna, die Haupt=
stadt der Vestiner, Interamnia, der Mittelpunkt der Pre=
tuzier, die Städte der Peligner Corfinium und Sulmona,
die der Marsen Marruvium und Alba Fucentia ihre
Blüte erst den Colonien, welche die Römer dort ein=
richteten.

Rom bedurfte einer Jahrhunderte langen Anstrengung,
um jene wilden und freien Stämme der Abruzzen zu
zähmen. Im Bunde mit den Samniten widerstanden
dieselben lange Zeit, bis sie sich im Jahre 308 v. Chr.
unterwarfen und Bundesgenossen Roms wurden. Seither
trug die Männerkraft des Volks der Abruzzen viel zu
den Siegen und Eroberungen bei, welche die Römer in

Italien und draußen machten. Rom hat keine besseren Soldaten gehabt. Ennius rühmte die Stärke der

>   Marsia manus, Peligna cohors,
>   Vestina virum vis.

Allein der römischen Republik wurde es nicht leicht, das Land Abruzzo politisch umzugestalten und zu einer gelehrigen Provinz zu machen. Als sich Rom bereits dem Gipfel seiner Weltherrschaft näherte, sah es sich plötzlich wiederum in den schrecklichen italischen Krieg verwickelt, der gerade in den Abbruzzen seinen Ursprung nahm und sein Centrum fand. Zur Zeit, da sich die Provinzen gegen die Tyrannei der undankbaren Hauptstadt mit den Waffen in den Händen erhoben, entstand auf jenen Hochgefilden des Abruzzo der Begriff „Italien". Die empörten Völkerschaften wählten die Stadt Corfinium zum Sitze der unabhängigen Bundesregierung ihres neuen Reichs, und sie gaben ihr den großen Namen Italica. Die Führer und Helden dieses mörderischen Krieges waren Marsen, wie Pompedius Silo und Vetius Cato. Marsisch war die stark befestigte Hauptstadt des italischen Senats. Die Römer selbst nannten daher den Krieg: bellum marsicum.

Vom Jahre 90 bis 88 v. Chr. kämpfte der Abruzzen= Stier verzweifelt mit der räuberischen Wölfin Roms. Wenn er den Sieg davongetragen hätte, so würde die Weltgeschichte ein anderes Antlitz erhalten haben. Statt daß wir heute die sparsamen Trümmer Corfiniums be= trachten, würden wir wahrscheinlich auf dem Palatin und dem Capitol die Ueberreste des von den erbitterten itali=

schen Bundesgenossen zerstörten Rom besichtigen, welche so das von Sulla vernichtete Sulmona würden gerächt haben.

Allein in den sibyllinischen Büchern stand zu Gunsten der Ewigen Stadt der Götterspruch geschrieben: imperium sine fine dedi. Marius und Sulla siegten, und den unterworfenen italischen Völkern bewilligte Rom endlich das Bürgerrecht. Freilich konnte sich das veröbete Abruzzenland nicht so bald erholen; es erlitt vielmehr neue Leiden während der Bürgerkriege, aus denen sodann die Monarchie des Augustus hervorging. Der erste Kaiser Roms gab jenem Lande den Frieden zurück, und suchte seinen Wolstand zu fördern, indem er in den verheerten Landschaften neue Colonien ansiedelte. Das gesammte Gebiet der Abruzzen teilte Augustus der vierten Region Italiens zu.

Seit dieser Zeit zog Rom, noch mehr als je zuvor, die besten geistigen Kräfte der Provinz an sich. Viele Abruzzesen zeichneten sich im Staatsdienste und in der Literatur aus. Sallust, welcher nach dem Ende des Bundesgenossenkrieges in Amiternum geboren war, stieg in Rom zu der hohen Stellung des Proconsuls Numidiens auf, um sich dann durch zwei monumentale Werke unsterblich zu machen, durch seine Villa auf dem Pincio, und durch seine Geschichtsbücher. Die letzten Ueberreste jenes berühmten Landhauses sind eben erst unter einem neuen städtischen Viertel für immer verschwunden; die Geschichtsbücher des Sallust aber sind unzerstörlich geblieben.

In Sulmona erblickte sodann das Licht der Welt

einer jener großen Dichter, welche die classische Trias der lateinischen Literatur bilden, wie Dante, Petrarca und Boccaccio das Dreigestirn der italienischen Dichtkunst sind. Ovid hat von sich selbst gesagt:

Mantua freut sich Virgils, des Catullus rühmt sich Verona,
Des Pelignischen Volks Ruhm bin ich selber genannt. [1]

Es ist befremdend, daß der Dichter hier von Horaz schweigt. Von Sulmo sagt er:

Sulmo, mein Heimatsort, den reichliche Bäche durchströmen. [2]

Die Sulmonesen haben ihrem Dichter eine öffentliche Statue geweiht; eine andre haben ihm die Italiener in dem fernen Tomi am Schwarzen Meere aufgestellt. Sie ist das Werk des Bildhauers Ettore Ferrari. Jene in Sulmo hätte Ovid vorstellen sollen, lachend und seine Bücher von der Liebe schreibend; die andre in Tomi dagegen trauernd und das unselige Verhängniß beweinend, in welches ihn seine Leidenschaften und Irrtümer gestürzt hatten. Doch schrieb er unter den Scythen Mösiens seine Tristien.

Das Los des berühmten Verbannten war freilich hart genug, allein doch immer erträglicher als das Schicksal, welches Perseus, den König von Macedonien, getroffen hatte. Denn dieser war, nach der unglücklichen Schlacht

---

[1] Mantua Virgilio gaudet, Verona Catullo;
    Pelignae dicor gloria gentis ego.
[2] Sulmo mihi patria est gelidis uberrimis undis.

bei Pydna, in die Gewalt der Römer geraten, in der
Cyclopenburg von Alba Fucentia im Lande der Marsen
eingekerkert gewesen, wo er sein Vaterland, seinen königlichen Glanz und seine Freiheit beweint und sich endlich,
wie man wissen wollte, aus Verzweiflung den Tod gegeben hatte.

In dem Katalog der im Altertum berühmten Abruzzesen sollte auch der Kaiser Hadrian aufgeführt werden.
Er wurde zwar in Italica in Spanien geboren, doch
stammte seine Familie ursprünglich aus Hadria in Picenum.

Zur Zeit Constantins des Großen war Italien in
achtzehn Provinzen geteilt, und unter diesen umfaßten die
Abruzzen die Landschaften Picenum, Valeria und einen
Teil von Samnium. Die Valeria erhielt ihren Namen
entweder von der berühmten Consularstraße, die als Fortsetzung der Via Tiburtina die Landschaften der Sabiner,
Aequer und Marsen durchzog, oder von einem marsischen
Ort. Es ist bemerkenswert, daß der Name Aprutinum
sich nicht unter jenen Provinzen befindet.

Nachdem die nordischen Wandervölker das römische
Reich zerstört hatten, erlitt auch das abruzzesische Land
die Invasion der Barbaren. Die Gothen besetzten dasselbe,
und der König Theodorich ließ es von seinen Grafen
verwalten. Der langjährige und schreckliche Krieg, welchen
später der Kaiser Justinian gegen die Gothenkönige, die
Nachfolger Theodorichs, führte, hatte den Untergang der
lateinischen Welt in Italien zur Folge, so daß auch die
Municipien in den Abruzzen davon betroffen wurden.

Nach dem Falle der Gothen zogen die Langobarden
nach Italien, Völker ohne Gesittung, die aber allmälig

die lateinische Bildung in sich aufnahmen. Sie reformirten das italische Land, indem sie die erschöpfte antike Race mit frischem germanischen Blut erneuerten, einen neuen Organismus ländlicher Bevölkerung und eine neue Aristokratie erschufen, und die weiten Lücken, welche der gothisch=byzantinische Krieg in Italien hervorgebracht hatte, durch germanische Colonien ausfüllten.

Sobald die Langobarden ihr Königreich in Pavia aufgerichtet hatten, begannen sie ihre Heerzüge zur Eroberung des mittleren und südlichen Italiens. Sie machten sich dort zu Herren; aber es gelang ihnen nicht, die Stadt Rom, den Exarchat von Ravenna, und die anderen Seestädte zu überwältigen, welche unter der Herrschaft des griechischen Kaisers verblieben.

In die Landschaft Picenum und die Abruzzen drangen die Langobarden massenhaft ein. Ich bin nicht der Ansicht derjenigen, welche behaupten, daß sie damals aus dem gesammten Abruzzo ein einziges Castalbat gemacht haben, sei es unter dem Begriffe Aprutium oder Teramo. Diese Stadt hat unzweifelhaft einen eigenen Grafen gehabt, den Comes Castri Aprutinensis. Die Abruzzen eigneten sich schwerlich zur Errichtung eines eigenen Ducats, nicht sowol wegen des Mangels eines zum Regierungssitze passenden Mittelpunkts, als wegen ihrer geographischen Lage.

Dagegen entstanden in den benachbarten Provinzen zwei sehr mächtige langobardische Herzogtümer, welche, obwol vom Könige in Pavia abhängig, doch mit der Zeit sich beinahe unabhängig machen konnten. Das erste dieser Ducate war Spoleto, und diese Stadt beherrschte die Consularstraßen von Umbrien, Toscana und Rom. Das

zweite war jenes von Benevent im alten Samnium, und
diese Stadt bildete den Schlüssel der Straßen von Rom
und Neapel.

Das Herzogtum Spoleto wurde von dem langobardischen Heerführer Faroald im Jahre 569 errichtet. Es
umfaßt Umbrien, einen Teil der Sabina und Etruriens,
und das gesammte Land Abruzzo. Das Herzogtum
Benevent, welches Zoto im Jahre 571 stiftete, begriff in
sich Samnium und Apulien, nebst einigen Gebieten Cam-
paniens und Lucaniens. Es ist indeß Thatsache, daß
während des ganzen achten Jahrhunderts der Castalbat
der Marruvini, das heißt Teate, das heutige Chieti, zum
Ducat Benevent gehört hat, denn erst Karl der Große
trennte denselben davon ab, indem er ihn mit Spoleto
vereinigte.

Dies Herzogtum regierten während der langen Epoche
von drei Jahrhunderten Herrscher langobardischen Stammes,
von denen nicht wenige kraftvolle Fürsten gewesen sind.
Es geriet endlich in die Gewalt Karls, nachdem dieser
große Monarch das Königreich Pavia vernichtet und die
Rechte und Titel der Langobarden-Könige angenommen
hatte. Auch als fränkischer Ducat blieb Spoleto fortan
mächtig; es dehnte seine Herrschaft durch Mittelitalien
bis zu den Grenzen des Patrimoniums S. Peters aus,
gebot über die adriatischen Küstenländer von Ancona bis
Ortona und reichte weiter südwärts bis zum Herzogtum
Benevent.

Während der langobardischen Herrschaft hatten die
Abruzzen in der Regel Castalden verwaltet, Beamte des
Herzogs von Spoleto. Das langobardische Gesetz war

an die Stelle des römischen getreten, und überall waren die municipalen Einrichtungen des Altertums erloschen. Die lateinische Cultur hatte ihr einziges Asyl in den Klöstern der Benedictiner und in den Bistümern gefunden. Als nun die Langobarden ihrem arianischen Glauben entsagten, wurden sie selbst eifrige Katholiken; viele Basiliken und Klöster verdankten ihrer Frömmigkeit die Entstehung.

Die Langobarden in den Abruzzen waren übrigens schon gute Italiener geworden, als Karl der Große sich des Herzogtums Spoleto bemächtigte. Ihre nationale Sprache war erstorben. Sie redeten italienisch, und ihre Rechtssprache war das Lateinische. Ihr Geschlechteradel nahm die größesten Lehnsherrschaften in den Städten und auf dem Lande ein. Langobarden waren die Aebte der reichen Klöster und die Bischöfe der ausgedehnten Diöcesen. Auch nachdem die Franken in jene Länder nicht als Volksmasse, sondern vereinzelt als Gutsherren und Regierungsbeamte eingedrungen waren, und dort einen neuen Adel begründeten, blieb die dichte und feste langobardische Volksschicht, welche sich seit Jahrhunderten in den Abruzzen abgelagert hatte, unzerstört.

Die von den Franken besetzten Castaldate erhielten den Namen der Grafschaften seit dem Kaiser Ludwig II. Unter diesen zahlreichen Feudalherren fränkischen Ursprungs waren die bedeutendsten die Marsen-Grafen, Comites Marsorum, welche vom See Fucino bis zu den Pelignern geboten, und ihren Hauptsitz in Celano hatten. Sie leiteten ihren Ursprung vom fränkischen Könige Italiens Bernard ab, einem Enkel Karls des Großen. Ihre Zunamen Bernardo, Oderigi, Teodino, Rinaldo, Trasmondo finden sich in zahllosen Urkunden des elften und zwölften Jahrhunderts. Ihr Familienwappen zeigte sechs grüne Berge des Abruzzenlandes im goldenen Felde. So behielten die mannhaften Marsen, obwol unter der Herrschaft germanischer Adelsgeschlechter, seit den Römerzeiten ihren alten Ruhm und Namen, während die Landesprovinz als kirchliche Diöcese und feudaler Organismus mit dem gleichen Begriffe fortdauerte. Noch im fünfzehnten Jahrhundert, als die Geschlechter der Colonna und der Orsini Roms um die Herrschaft eines Teiles des Abruzzo mit einander stritten, und noch viel später nannten sich die Colonnesen mit Stolz Herzoge der Marsen, Duces Marsorum.

So lange als das römisch-germanische Reich in Kraft stand, hüteten die Kaiser mit Eifersucht die Rechte ihrer Oberhoheit, wie in Toscana, in der Mark und Romagna, so auch im Lande der Abruzzen. Allein neuen Eroberern in Italien, den Normannen, gelang es, mehrere Gebiete der Abruzzen an sich zu reißen und mit ihrem Herzogtum Apulien zu vereinigen. Schon Robert Guiscard machte den Grafen Trasmondo von Chieti, und die Grafen von Teramo, Amiterno und Valva zu seinen Vasallen. Nachdem sodann das Königreich beider Sicilien entstanden war, blieben die normannischen Könige Herren des Abruzzo.

In der Belehnungsurkunde, welche der Papst Hadrian IV. dem Könige Wilhelm ausstellen mußte, wurden diesem zuerkannt Marsien und das darüber hinaus den Normannen gehörige Land.

Die normannische Dynastie erlosch; das schwäbische Haus erbte von ihr die Provinzen der Abruzzen, während der Papst die Rechte der Kirche auf Spoleto geltend machte, die er nicht nur aus den Schenkungen Karls des Großen, sondern später auch zum Teil von der berühmten Donation der Gräfin Mathilde ableitete.

Nach dem frühzeitigen Tode Heinrichs VI., eines der kraftvollsten und kühnsten Kaiser des hochgesinnten Hohenstaufen=Hauses, eilte der Papst Innocenz III. Spoleto in Besitz zu nehmen. Allein der große Friedrich II. vereinigte, nachdem er die Krone des Reichs erlangt hatte, jene Landschaft mit seinen italienischen Besitzungen. Er zuerst machte aus den Abruzzen eine zusammenhängende Provinz mit dem Mittelpunkt Sulmona, wo der Justitiarius Aprutii seinen Sitz erhielt. Er gründete sodann auf den Resten Amiternos die neue Stadt Aquila, welche bald in Blüte kam, sich mit prächtigen Kirchen schmückte und zu einem der bedeutendsten Orte wurde, die heute das Abruzzengebiet zählt.

Weil dieses Land nebst Samnium die Verbindung mit Apulien und Neapel schloß oder öffnete, so mußte gerade in ihm der erbitterte Kampf der letzten Hohenstaufen mit Karl von Anjou, welchen der Papst auf den Tron der beiden Sicilien gesetzt hatte, seine Entscheidung finden. Der König Manfred fiel unter den Mauern von Benevent; zwei Jahre später verlor der unglückliche Conradin bei Scurgola und Tagliacozzo, im Lande der Marsen, die Krone seiner Ahnen, und bald darauf die Freiheit und das Leben. Seither blieben die Anjou Frankreichs Nachfolger der Normannen und der Schwaben; nur ver=

loren sie die Insel Sicilien, welche ihnen das Haus Aragon, als Erbe Manfreds, entriß.

Die Regierung der Anjou vereinigte die Abruzzen mit dem Königreich Neapel, und machte aus ihnen eine Provinz, wie es die Capitanata, die Basilicata, die Terra di Lavoro und andere Gebiete waren. Später jedoch wurde Abruzzo in zwei Provinzen geteilt, Citeriore zur Rechten des Flusses Pescara, und Ulteriore zu seiner Linken. Weil sich diese Einteilung schon zur Zeit des Königs Robert bemerken läßt, so ist es irrig, sie erst Alfonso I. zuzuschreiben.

Endlich wurde im siebzehnten Jahrhundert Abruzzo in drei Provinzen geschieden: Citeriore mit Chieti, Ulteriore primo mit Teramo, und Ulteriore secondo mit Aquila als Mittelpunkt der Regierung.

Die Anjou und die Aragonesen führten in das Land einen neuen Feudaladel ein, so daß es dort kaum irgend eine Ortschaft gab, die nicht ihren Baron oder Herzog hatte, welche in finstern Schlössern oder in prachtvollen Palästen ihr Wesen trieben.

Diese historische Skizze mag, so kurz sie ist, hinreichen, um den Leser über die Schicksale der Abruzzen aufzuklären. Die Geschichte des merkwürdigen Landes ist übrigens noch zu schreiben. Denn das zu seiner Zeit verdienstliche Werk des Antonio Ludovico Antinori: Sammlung von historischen Nachrichten über die drei Provinzen der Abruzzen (Raccolta di memorie storiche dalle tre Provincie degli Abruzzi. Neapoli 1781—1783, 4 vol. in 4º), entspricht heute nicht mehr den Anforderungen der geschichtlichen Kritik.

Dasselbe Urteil gilt von anderen Büchern, die immerhin lobenswerte Arbeiten sind, wie die Historiae Marsorum des Muzio Febonio (Neapel 1678) und die Reggia Marsicana des Pietro Antonio Corsignani, Bischofs von Venosa (Neapel 1738).

Der Schriftsteller, welcher vor allen anderen sich durch kritische Methode wie durch gründliche Kenntniß auszeichnete und deshalb das hellste Licht auf den Zustand der Abruzzen im Mittelalter zu werfen vermochte, war Don Antonio Fatteschi, der Verfasser der historisch-diplomatischen Denkwürdigkeiten über die Reihe der Herzoge von Spoleto (Memorie storico-diplomatiche riguardanti la serie de' Duchi di Spoleto, Camerino 1801). Dies Werk ist außerordentlich wichtig, weil es auf den Urkunden der Abtei Farfa beruht.

Wer sich übrigens heute an die rühmliche Unternehmung machen wollte, die Geschichte der Abruzzen von neuem zu schreiben, würde trotz des beklagenswerten Unterganges vieler Archive, doch ein reiches Material vor sich finden. Seit dem sechzehnten Jahrhundert haben gelehrte Abruzzesen, Geschichtschreiber, Antiquare und Topographen nicht aufgehört, mit lobenswerter Vaterlandsliebe ihre heimischen Erinnerungen zu pflegen. Sie haben diplomatische Urkunden, Inschriften und Münzen gesammelt, die Denkmäler des Landes untersucht, provinciale und communale Museen angelegt, und endlich zahllose Monographien verfaßt, so daß es keine irgend namhafte Ortschaft in den Abruzzen gibt, die nicht ihren eigenen oder mehrere vaterländische Geschichtschreiber besäße. Von solchen Schriften sind nicht wenige gedruckt worden, die meisten aber liegen noch in den papiernen Katakomben der Bibliotheken begraben.

Wenn das merkwürdige Land der Abruzzen verdient, Gegenstand der Forschung für die Naturwissenschaft und die politische Geschichtschreibung zu sein, so hat dasselbe seit nicht langer Zeit auch die Aufmerksamkeit der gebildeten Welt durch den überraschenden Reichtum seiner Kunstdenkmäler auf sich gezogen. Auch davon ein paar Worte.

Was von dem Leben der alten Völker auf die Nachwelt gelangt, sind ihre monumentalen Werke in der Kunst und Literatur. Nun aber fehlen solche Denkmäler des classischen Altertums durchaus in den Abruzzen. Jene sabellischen Stämme waren schwerlich im Stande eine eigene ihrem Geist entsprungene Cultur zu erzeugen, die mit der Bildung der Etrusker, der Campaner, der Lateiner und Griechen Calabriens zu wetteifern vermochte. Daß Ovid in Sulmona das Licht der Welt erblickte, war ein Zufall, wie die Geburt des Horaz in Venosa und Ciceros in Arpino. Die Tempel, die Theater und andere antike Bauwerke, mit denen sich die Municipien auch in den Abruzzen geschmückt hatten, sind alle bis auf sehr wenige Ueberreste untergegangen.

Deshalb bietet dieses Land heute größten Teils keine anderen monumentalen Denkmäler dar, als solche, die dem Mittelalter angehören. Die christliche Kunst hat dort eine Entwickelung gehabt, die sehr beträchtlich gewesen ist. Der Organismus der abruzzesischen Kirche, welche schwerlich schon im ersten, aber vielleicht doch schon im zweiten Jahrhundert des Christentums gegründet wurde, war stark genug, um den Zusammensturz des römischen Reichs und die Verwüstungen der Barbaren zu überdauern. Die Kirche bewahrte nicht nur die Reliquien der Heiligen, sondern auch die wichtigeren Ueberreste der lateinischen Cultur nebst den geschichtlichen Ueberlieferungen der Provinz und ihrer städtischen Gemeinden. Ihr allein ist es zu verdanken, daß die antiken Namen der Picenter, Peligner und Marsen sich niemals aus der Erinnerung der Nachwelt verloren haben. Der Bischof von Teramo nennt sich noch heutigen Tags Episcopus Aprutinus, und der von Chieti Teatinus.

Am Anfange des siebenten Jahrhunderts bestieg ein Sohn der Abruzzen aus Valeria den päpstlichen Stul. Es war Bonifacius IV. (608—615). Dieser Mann machte sich dadurch unsterblich, daß er das schönste antike Monument Roms, das Pantheon, vor der ihm drohenden Vernichtung rettete. Auf seine Bitten schenkte ihm dasselbe der Kaiser Phokas, und Bonifacius verwandelte die prächtige Rotunde in die Kirche der S. Maria ad Martyres. In diesem Tempel fanden im Laufe der Jahrhunderte viele berühmte Männer ihre Ruhestätte. Dort liegt der göttliche Rafael begraben, und ruht auch seit einigen Jahren der glückliche Begründer des einigen Königreichs Italien, Victor Emanuel. Dies aber ist die wunderbarste Wirkung, welche aus so weit entlegener Vergangenheit der edle Gedanke eines marsischen Papstes hervorgebracht hat, der Nachwelt das Pantheon des Agrippa unzerstört zu bewahren. Ohne ihn würde dies unvergleichliche Monument das Schicksal vieler anderen antiken Denkmäler gehabt haben, welche die Römer ent=

weder vernichteten um sich ihrer Steine als Baumaterial zu bedienen, oder die sie im günstigeren Falle zu Türmen des wilden Adels verwandelten, und dann der Zerstörung in den städtischen Parteikriegen aussetzten.

Schon zur Zeit der langobardischen Herrschaft hatten sich die Städte der Abruzzen mit ansehnlichen Kirchen und mit Klöstern des Benedictinerordens geschmückt. Von diesen Bauwerken waren einige auf den Trümmern heidnischer Tempel entstanden, wie z. B. San Giovanni in Venere bei Lanciano.

Die Leidenschaft, Kirchen zu bauen, und diese mit Werken der Malerei und Sculptur zu zieren, setzte sich lange in den Abruzzen fort. Dies beweisen die Kathedralen von Teramo, von Chieti und Sulmona, von Aquila und Atri, S. Maria a Mare, S. Flaviano, S. Angelo in Pianella, S. Pelino in Corfinium und viele andere.

Die berühmteste Abtei in jenem Lande war S. Clemente von Casauria in der Grafschaft Penne. Der fränkische Kaiser Ludwig II. gründete sie im Jahre 871 auf einer Insel des Flusses Pescara oder Aterno. Er und andere Kaiser, seine Nachfolger, statteten dieselbe mit vielen Privilegien und mit so reichem Güterbesitze aus, daß Casauria mit den Benedictinerabteien Farfa, la Cava und Montecasino wetteifern konnte. Einen Begriff davon gibt das merkwürdige Urkundenbuch, oder die Chronik von Casauria, welche Johannes Berardus am Ende des zwölften Jahrhunderts, wo das Kloster seine höchste Blüte erreichte, zusammengetragen hat. Dieser berühmte, mit Miniaturen und Abbildungen versehene

Codex kam in den Besitz des **Königs Karl** VIII. von Frankreich, als er seinen Zug nach Süditalien machte; er befindet sich noch heute in der Pariser Nationalbibliothek, und ist mehrfach herausgegeben worden.

Die alte, von Ludwig II. gegründete Abtei war im Laufe der Zeit untergegangen, bis auf die Krypta mit noch stehenden antiken Säulen. An ihrer Stelle erbaute der kunstsinnige Abt Leonate seit dem Jahre 1172 die Kirche von Grund auf neu, und diese hat sich bis heute erhalten. Sie gilt als das schönste mittelalterliche Bauwerk im ganzen Abruzzo. Sie hat drei Schiffe, aber nur eine Absis. Der Eingang wird durch einen breiten Porticus gebildet, über welchem die Façade aufsteigt. Er besteht aus drei Rundbogen, mit vielem Schmuck von symbolischen und historischen Figuren. Man sieht dort die erste Gründung der Abtei dargestellt. Ein hohes, krenelirtes Tor trägt die Ueberschrift Roma, und aus ihm ist der Papst Hadrian II. hervorgetreten, welcher den Reliquienschrein mit den Resten des heil. Clemens dem Kaiser Ludwig übergibt. Der Kaiser ist dann nochmals abgebildet hinter einem Esel einherschreitend, der jenen Schrein nach dem Kloster trägt; die Figur neben Ludwig mit dem Schwert in der Hand ist als Graf Sippo bezeichnet. Der Abt Leonate regierte das Kloster Casauria von 1156 bis 1192. Sein Zeitalter bezeichnet überhaupt die Blüte der Künste im Abruzzo. Die Renaissance gab derselben später noch einen neuen Aufschwung, denn auch in jenem Lande erschienen Meister, welche sich in jeder Richtung auszeichneten, selbst die Kunst der Goldschmiede, die Weberei und die Keramik nicht ausgeschlossen.

Die künstlerische Cultur der Abruzzen ist als ein Glied jener Unteritaliens anzusehen, da sie besonders während des Mittelalters ihre stärksten Impulse aus Campanien und vor allem aus Montecasino erhalten zu haben scheint. Die Geschichte der monumentalen Kunst Südital iens fehlt uns noch, oder sie befindet sich erst in ihren Anfängen. Zuerst beschäftigte sich mit ihr Wilhelm Schulz, welcher im Jahre 1860 zu Dresden sein wichtiges Werk „Denkmäler der Kunst des Mittelalters in Unteritalien" herausgab. Schon vor ihm hatte freilich im Jahre 1849 der Herzog von Luynes, ein hochverdienter Mäcen, viele Monumente Südital iens illustriren lassen, jedoch nur aus der Zeit der Normannen und Hohenstaufen. Sodann veröffentlichte im Jahre 1871 Demetrio Salazaro in Neapel seine „Studien über die Denkmäler Südital iens vom vierten bis zum dreizehnten Jahrhundert", ein schönes und reich ausgestattetes Werk, mit welchem der Verfasser der Kunstgeschichte einen wesentlichen Dienst geleistet hat. Es ist nicht frei von manchen Irrtümern. Auch hat sich Salazaro durch übertriebene Vaterlandsliebe zu der Ansicht verführen lassen, daß in Unteritalien die wahre Quelle der schönen Künste zu suchen, und die byzantinische Kunst in Campanien entsprungen sei.

Auf Demetrio Salazaro ist jetzt Vincenzo Bindi mit seinem umfassenden Werk über die geschichtlichen und künstlerischen Monumente der Abruzzen gefolgt. Mit diesem erscheint der Verfasser nicht zum ersten Mal in der Literatur seines Vaterlandes, denn er ist der wissenschaftlichen Welt schon seit einigen Jahren durch eine

Reihe von historischen, archäologischen und kunstgeschichtlichen Abhandlungen bekannt geworden, welche die Cultur Süditaliens, und besonders der Abruzzen, seiner Heimat, zum Gegenstande haben. Diese zerstreuten Monographien hat er in dieser Sammlung vereinigt.

Mit unermüdlichem Eifer hat Bindi die Archive, die Bibliotheken und die Museen durchsucht, Schritt um Schritt die Provinzen der Abruzzen durchwandert, und ihre Denkmäler erforscht. So vermochte er aus einem Gebiete, welches seine Vorgänger nur zu geringem Teile kennen gelernt hatten, die reichste Ernte von Studien heimzubringen.

In dem Werke von Wilhelm Schulz finden sich auf zwölf Tafeln diejenigen abruzzesischen Denkmäler wiedergegeben, welche dieser Kunstforscher als die bedeutendsten erkannt hatte, und von ihnen beziehen sich fünf durchaus auf Casauria. In der Sammlung Salazaros sind acht oder neun Seiten den Abruzzen gewidmet, aber unter den achtundvierzig Abbildungen stellen nur zwei abruzzesische Monumente dar. Da dieses Land das ausschließliche Gebiet seiner Untersuchungen war, hat Bindi keines der daselbst irgend bemerkenswerten Kunstdenkmäler unbeachtet gelassen.

Er hat außerdem viele unedirte Urkunden gesammelt, welche dazu dienen, auch die kirchliche und politische Geschichte seines Heimatlandes aufzuklären. Vielleicht hätte er besser gethan, diese Partien auszusondern, und sie als eigene Monographie erscheinen zu lassen. Dies würde der Einheit des Werkes zu Gute gekommen sein, welches doch wesentlich ein monumental kunstgeschichtliches sein soll. Die kleinen Dinge bringen große Werke um, wie Voltaire geurteilt hat. Doch will ich das nicht mit Strenge auf Werke, wie das vorliegende anwenden, deren Wert weder in der schriftstellerischen Kunst, noch in der philosophischen Durchdringung des Gegenstandes, sondern wesentlich in der fleißigen Sammlung von Materialien beruht, die dann erst dem Kunsthistoriker dienstbar werden.

Durch seine genauen Studien hat Herr Bindi das große Reich der Kunstgeschichte Italiens um eine neue Provinz, die Abruzzen, vergrößert. So wie er jetzt vor diesem seinem Vaterlande sich darstellt, mit seinem rühmlichen Werke in den Händen, welches er so glänzend ausgestattet und mit so vielen Abbildungen versehen hat, erinnert er mich an Leonate von Casauria oder an andere Gründer großer Bauwerke, welche in Mosaiken dargestellt sind, in ihren Händen das Abbild des von ihnen errichteten Monumentes tragend. Obwol es leider wahr ist, daß die Dankbarkeit eine Pflanze ist, die heute nicht zu häufig angetroffen wird, und daß der Lorber nur zögernd und langsam wächst, so bin ich doch überzeugt, daß der Verfasser der geschichtlichen und künstlerischen Denkmäler der Abruzzen bei seinen Landsleuten die wolverdiente Anerkennung finden wird.

Hier schließe ich meine kurze Einleitung. Ich habe der freundlichen Aufforderung des Verfassers, diese für sein Werk zu schreiben, mit Freude entsprochen, nicht nur weil sie ein liebenswürdiges Zeugniß seiner Sympathie für mich war, als weil sie mir, einem alten Forscher in der Geschichte Italiens, den Genuß gewährte, meine langen

Studien und meine vielen Wanderungen in diesem Lande mir ins Gedächtniß zurückzurufen.

So bleibt mir nichts mehr übrig, als dem Verfasser dieses verdienten Werkes zu wünschen, daß sich dasselbe des besten Erfolges erfreuen möge, während ich zugleich dem Lande der Abruzzen, deren Gegenstand dasselbe ist, und dem es zu so großer Zierde gereicht, immer wachsende Wolfahrt und neuen Ruhm in friedlichen Künsten und Wissenschaften wünsche. [1]

---

[1] Der Titel des Werkes ist: Monumenti storici ed artistici degli Abruzzi. Studi di Vincenzo Bindi. Con Prefazione di Ferdinando Gregorovius. Napoli 1889.

Passionsspiele.

I.

Das römische Passionsspiel im Mittelalter und in der Renaissance.

Das römische Passionsspiel gehört in seiner literarisch abgeschlossenen Gestalt dem Ende des 15. Jahrhunderts an. Seine Anfänge sind uns nicht schriftlich überliefert worden, während ein glücklicher Zufall ein altes Osterspiel aus dem Kloster Tegernsee vom 12. Jahrhundert erhalten hat. Es ist der „Ludus paschalis de adventu et interitu Antechristi".

In Rom wurden solche Osterspiele in Kirchen aufgeführt, während man in Palästen, wahrscheinlich auch noch in den Ruinen antiker Theater, weltliche Schauspiele mythologischen Inhalts gab. Das berühmte Mirabilienbuch der Stadt Rom aus dem 12. Jahrhundert spricht ausdrücklich von Schauspielern profaner Natur, welche Histriones und Thymelici genannt werden, aber es hat kein Wort über ein geistliches Schauspiel.

Dies ging in Rom wie an vielen andern Orten aus den kirchlichen Brüderschaften hervor, und deren Einrichtung fällt in die zweite Hälfte des 13. Jahrhunderts. Sie wurde wesentlich durch das Auftreten der Flagellanten oder Geißler veranlaßt.

Die älteste und berühmteste Brüderschaft Roms ist die Archiconfraternita del Gonfalone, welche noch fortbesteht. Sie entstand um das Jahr 1264. Zwölf römische Edle gründeten sie, und ihren Schutz übernahm der große Heilige, Cardinal Bonaventura. Sie gaben ihrem zu Zwecken der Pietät gestifteten Verein den Namen „Raccomandati di Santa Maria", weil sie ihre Zusammenkünfte in der Basilika Santa Maria maggiore hielten. Sie nahmen sodann ihren Sitz in einer nahegelegenen kleinen Kirche Sanct Adalbert am alten Vicus Patricius, wo sie ein Hospital gründeten.

Diese Genossenschaft von Geißelbrüdern wuchs durch den Zutritt von Römern aus allen Ständen und Vierteln der Stadt, und endlich durch ihre Vereinigung mit andern Brüderschaften. Im 14. Jahrhundert nahm sie vom Banner der Madonna, welches in ihren Prozessionen einhergetragen wurde, den Namen del Gonfalone an.

Am Anfange des 15. Jahrhunderts verließ sie die Kirche Sanct Adalbert und das dort in Verfall geratene Hospital, um nach dem Stadtviertel Regola überzusiedeln, wo sie bereits eine alte Basilika besaß, Santa Lucia della Chiavica. Diese noch dauernde Kirche hieß seither Santa Lucia del Gonfalone. Bei Gelegenheit ihrer Wiederherstellung schrieb ein zu ihr gehöriger Geistlicher Luigi Ruggieri im Jahre 1866 die Geschichte der Erzbrüderschaft del Gonfalone.

Unter andern ihr zu Recht stehenden Kirchen besaß

sie auch eine im Colosseum, Santa Maria della Pietà al Colosseo genannt. Diese Kapelle war von der Brüderschaft im Jahre 1517 über Sitzreihen des Amphitheaters nahe an dem großen Durchgangsbogen erbaut, und dann von der Höhe nach unten verlegt worden. Bis zum Falle der weltlichen Herrschaft des Papstes war ihr Wächter ein Eremit. Wahrscheinlich ist ihr Bau im Jahre 1517 nur die Erneuerung einer schon ältern Kapelle gewesen, denn in einem Register der Besitzungen der Lateranischen Basilika vom Ende des 13. Jahrhunderts wird im Colosseum bereits eine Kirche Santa Maria de Stara aufgeführt.

Diese Kapelle war die einzige, die man in den Ruinen des Amphitheaters selbst errichtet hatte, aber andere kleine Kirchen umgaben dasselbe bereits im frühen Mittelalter. Schon im 12. Jahrhundert wurden dort genannt Salvator de Rota Colisaei, Salvator de Insula et Colisaeo, Santi Quadraginta Colisaei und Sanct Jacobus Colisaei, welche alle untergegangen sind. Das Christentum umkränzte die gewaltigste aller Ruinen Roms mit Kapellen und pflanzte in der Mitte des Amphitheaters das Kreuz auf, die bösen Geister des Heidentums auf jener blutgetränkten Stätte zu bannen, wo die schrecklichsten Schauspiele des Altertums waren gegeben worden, und wo Tausende von Christen den Martertod durch das Schwert des Henkers oder den Biß wilder Thiere gefunden hatten. Noch im 16. Jahrhundert galt das Colosseum als Sitz der Dämonen, wie jene Geisterbeschwörung beweist, welche Benvenuto Cellini mit so köstlichem Humor erzählt hat.

Das Colosseum, stets und noch jetzt das Eigentum

der Stadt Rom, hatten seit dem 11. Jahrhundert römische Adelsfamilien in Besitz genommen, erst die Frangipani, die es zu ihrer Festung machten, dann die Anibaldi, welche jene daraus verdrängten. Die römische Stadt=gemeinde nahm ihre Rechte auf das Amphitheater wieder in Anspruch, nachdem der Adel zur Zeit des Volkstribuns Cola di Rienzo zu Fall gekommen war. Im Jahre 1381 schenkte der römische Senat den dritten Teil des Colosseums der Brüderschaft von Sancta Sanctorum am Lateran, und diese errichtete in einem Teile der Galerien desselben ein Hospital, indem sie die Bogen vermauern ließ. Sie besaß auch jene schon genannte Kirche Sanct Jacob und wol auch die andern Kapellen, da ihr der Senat über=haupt die Gerichtsbarkeit im ganzen Gebiete vom Lateran bis zum Amphitheater verliehen hatte.

Von dieser Brüderschaft nun erhielt jene des Gonfalone die Erlaubniß, das Colosseum für ihre Zwecke zu benutzen. Wie man bis zum Jahre 1870 an jedem Freitage eine Prozession nach dem Colosseum ziehen sah, so zogen die Brüder del Gonfalone auch in alten Zeiten dahin, um am Kreuze in der Arena zu beten und sich zu geißeln. Vielleicht führten sie schon im 13. Jahrhundert am Char=freitage ebendaselbst das Passionsspiel auf, aber wir haben davon keine schriftliche Ueberlieferung. Dagegen wird von weltlichen Carnevalspielen der Römer schon in jener Zeit gemeldet. Rennen um den Besitz von Pallien hielt man am Monte Testaccio, womit andere Volksbelustigungen verbunden waren, die man im allgemeinen Ludi de Testaccio nannte. An demselben Scherbenberge führten noch im Jahre 1414 zur Carnevalszeit Spieler des

I. Das römische Passionsspiel.

Stadtviertels Monti ein geistliches Schauspiel auf, nämlich die Kreuzigung Sanct Peters und die Enthauptung Sanct Pauls.

Erst seit dem Ende des 14. Jahrhunderts finden sich bestimmte Nachrichten von Spielen, welche die Brüderschaft del Gonfalone am Charfreitage aufführen ließ. Sie wurden ohne Frage zuerst in irgendeiner Kirche gegeben, dann wegen des wachsenden Zudranges des Volkes in das Colosseum verlegt, und erhielten so ein Theater ohnegleichen in der Welt.

In dies Amphitheater, wo sich einst das weltbeherrschende Volk der Römer versammelt hatte, die großartigen oder schrecklichen Schauspiele zu genießen, die ihm seine verschwenderischen Kaiser gaben, strömten jetzt wieder die Römer zusammen, um Schauspieler zu bewundern, welche die Passion und den Martertod Christi darstellten. Wir würden heute viel darum geben, besäßen wir ein Abbild der römischen Passionsspieler und Zuschauer in dem welthistorischen Rahmen des Colosseums, von dessen zerfallenen Sitzreihen im 14. und 15. Jahrhundert kaum mehr als die Hälfte ausreichte, um die ganze Bevölkerung der Ewigen Stadt aufzunehmen.

Die Römer schauten stehend zu oder sie saßen auf Bänken zusammengedrängt in der Arena selbst. Denn nicht tief unter den Zuschauern, sondern über ihnen wurde jetzt das Schauspiel aufgeführt, auf einem Teile des Gemäuers nämlich, welches über der Kapelle Santa Maria lag. Als sich mit der Zeit das Spiel erweiterte, benutzte die Brüderschaft del Gonfalone dafür auch den Ueberrest des Palastes der Anibaldi, der in das Colosseum hinein=

gebaut worden war. Dort werden sich die Schauspieler versammelt und angekleidet haben. Dieser Palast gehörte der Genossenschaft von Sancta Sanctorum, von welcher ihn jene andere im Jahre 1490 in Pacht nahm. In dem auf dem Capitol vollzogenen gerichtlichen Act erklärten die Guardiane del Gonfalone denen von Sancta Sanctorum, daß ihnen Innocenz VIII. die Erlaubniß erteilt habe, im Colosseum geistliche Spiele zu halten, und daß sie für diesen Zweck jenes Palastes bedürften. Wenn diese Urkunde den ersten sichern Beweis dafür gibt, daß die Passionsspiele im Colosseum gehalten wurden, so darf man aus ihr doch nicht schließen, daß sie erst seit 1490 daselbst ihre Scene hatten.

Amati, der Herausgeber des römischen Passionsspiels jener Zeit, hat im Archiv del Gonfalone Urkunden gesehen, welche über die Einrichtung der Bühne Aufschluß geben. Der Ort der Handlung war ein erhöhtes Stück Mauer über der Capella della Pietà; er vergrößerte sich von Jahr zu Jahr, und das Schauspiel selbst wurde reichhaltiger und prächtiger. Die Scene war von Künstlern gemalt, welche der geistlichen Genossenschaft angehörten, so von Jacovello, Antonazzo, Savio, Antonio von Tivoli und vom Meister Francesco, deren in der Geschichte der Kunst meist dunkle Namen in den Rechnungen der Brüderschaft für gemachte Auslagen verzeichnet sind.

Auf der Leinwand des Hintergrundes sah man Jerusalem und Bethania abgebildet. Der Oelberg und Golgatha waren in Relief und mit Holzzimmerung außerhalb der Leinwand angebracht. Auf der einen Seite erhob sich das Tribunal des Pilatus, welches im Jahre 1490

40 Ducaten kostete. In der Höhe sah man eine Galerie in Wolkenform, worin die Engel, die Chöre und die Musikanten standen. Die Rechnungen besagen unter anderm: „15 Bolognini (Soldi) bezahlt für die Handschuhe des Christus; 15 Bolognini für zwei Paar lange Strümpfe der Schächer; 22 Carlin an den Meister Antonio von Tivoli für seine Einrichtung des Schaukelns der Engel." Die Schauspieler erschienen in antiken Gewändern mit römischen Togen, Helmen und Panzern. Alle spielten in Handschuhen. Im Passionsspiele zu Oberammergau ist man von diesem Gebrauche abgewichen, aber er besteht noch als feste Tradition in den Passionsspielen Tyrols. In Thiersee bei Kufstein sah ich vor Jahren die Schauspieler, selbst den Teufel, mit baumwollenen Handschuhen versehen, mit Ausnahme Jesu und der Jünger, was mir auffiel.

Im Zeitalter der Renaissance wird auch das Passionsspiel im Colosseum einen hochkünstlerischen Charakter gehabt haben. Die Heiligenbilder berühmter Meister wird man zu den Erscheinungstypen benutzt haben. Die Spieler, unter welche keine Frauen aufgenommen wurden, gehörten der anständigen Bürgerklasse an, und sie wurden von den Regionen der Stadt gestellt. In den Rechnungen des Jahres 1500 werden sie mit Namen genannt; der Papierhändler Tomasso gab damals den Christus (Tomasso cartaro che è Messia); ein Bürger Marcello den Herodes; es werden unter den Spielern ein Leinwandhändler und ein Goldschmied genannt. Nur am Charfreitag, und zwar des Abends bei Fackel- und Lampenlicht fand die Aufführung statt. Der bekannte cölnische Ritter und Reisende Arnold von Harpf sah das römische Passions-

spiel am Charfreitage des Jahres 1497; er war davon
so sehr erbaut, daß er in seiner „Pilgerfahrt" von den
Spielern sagte: „Dit waren allit rijcher lude kinder, den
it gar ordentlich ind köstlich aff gynck."

Dasselbe Spiel, welches Harpf im Colosseum bewunderte, haben wir im Text vor uns. Seine Verfasser waren
Brüder der Companie del Gonfalone, zwei Römer, Mariano
Particappa und Bernardo bi Mastro Antonio, und der
Florentiner Giuliano Dati. Dati, welcher den meisten
Anteil daran hatte, war Pönitenziar unter Alexander VI.
Borgia, sodann Bischof von San Leo, und starb in Rom
1523. Er schrieb für das Volk italienische Poesien, von
denen sich manche im Druck erhalten haben. Sein Passionsspiel ist am Schlusse des 15. Jahrhunderts zum ersten male
in Rom gedruckt worden mit diesem Titel: „La Representazione del Nostro Signore Jesù Christo; la quale
si rappresenta nel Coliseo di Roma il Venerdi Santo
con la sua SS. Resurrezione istoriata."

Der Druck wurde im Laufe der Zeit mehrmals wiederholt, und zuletzt im Jahre 1866 in Rom von Girolamo
Amati, doch nur in 200 Exemplaren erneuert und mit
einer Einleitung versehen.[1] Amati bemerkt, daß er im
Archiv der Brüderschaft einen Band sah, welcher die verschiedenen Bearbeitungen des römischen Passionsspiels enthalte bis zu seiner abgeschlossenen Gestalt.

---

[1] Der Titel der letzten Ausgabe ist: „La Passione di
Christo in rima volgare secondo che recita e rappresenta
di parola a parola la degnissima compagnia del Confalone
di Roma il Venerdi santo in luogo detto Coliseo."

I. Das römische Passionsspiel.

Die Vorstellung begann mit der Hinabfahrt der Seele Jakobs in den Limbus der Unterwelt, wo er die Erscheinung des Messias auf Erden verkündigt. Darauf versammelt Lucifer die Dämonen und faßt den Beschluß, Christus in der Wüste zu versuchen. Dies war nach der Angabe Amatis die erste Handlung des Dramas. Es folgte die Versuchung Christi, seine Rückkehr zu den Jüngern, die Erweckung des Kindes von Nain. Sodann ein Chorgesang. Der Entschluß des Judas, den Herrn zu verraten. Das Abendmal mit den Jüngern, als Ende des zweiten Actes.

All dies fehlt in dem gedruckten Text, dessen Inhalt ich nun kurz angebe. Die Form des Gedichtes ist die italienische Ottave, die Sprache volksmäßig naiv und derb, doch nicht bis zu dem Grade, als sie die deutschen Osterspiele bisweilen hören lassen. Es fehlt nicht an ergreifenden Partien lyrischer Natur, wie namentlich in der Marienklage.

Der Engel tritt auf und declamirt den Prolog in Ottaven als Inhalt des Stückes. Sodann singen zwei Halbchöre aus der Galerie der Wolken treffliche Strophen, deren Sinn ist: daß das Leben ein von Stürmen bewegtes Meer sei, aus welchem nur die Tugendhaften, die ihren Blick auf Gott richten, den Rettungshafen erreichen.

Judas kommt zu den Pharisäern. Er erbietet sich, ihnen Christus zu verraten. Unterhandlung mit Kaiphas und Anna. Man zählt Judas die Silberlinge auf.

Christus kommt vom Abendmal. Er steigt auf den Oelberg. Sein Gebet. Die Jünger schlafen. Der Engel erscheint vor ihm mit dem Kelche.

Judas mit den Kriegsknechten. Der Judaskuß. Petrus haut dem Knechte das Ohr ab.

Die Pharisäer führen Christus zu Anna. Die Mishandlungen beginnen. Petrus verleugnet den Herrn.

Die Pharisäer führen Christus zu Kaiphas. Er schweigt. Er beginnt zu reden. Man führt ihn zu Pilatus. Der Landpfleger erklärt den Pharisäern, daß er keine Schuld an ihm finde.

Christus wird zu Herodes geführt. Petrus spricht seine Reue aus. Der Chor singt eine schöne Strophe, deren Sinn ist: wenn der Sterbliche die Flüchtigkeit des Erdendaseins bedächte und wie bald sein Ende kommt, so würde niemand sündigen; aber die Weltlust besiegt uns und verdunkelt unsere Erkenntniß.

Die Juden verlangen von Herodes die Bestrafung Jesu. Der König schickt ihn zu Pilatus zurück. Die Juden sollen zwischen ihm und Barabbas wählen.

Ein Jude verkündigt diesem Verbrecher seine Freilassung; er dankt dafür dem Pilatus. Pilatus befiehlt seinem Ritter (il cavaliere) die Geißelung Jesu.

Mishandlung und Verhöhnung des Heilands. Seine Krönung. Der Ritter führt ihn vor das Tribunal des Pilatus. Die Juden verlangen seinen Tod. Pilatus wäscht sich in einer Schale die Hände.

Hier muß was im Text fehlt eingeschoben werden, nämlich daß der Schreiber Ser Leucio sich erhebt und das Todesurteil vom Blatte in italienischer Sprache abliest: „Wir Pontius Pilatus durch den Willen der unsterblichen Götter, der römischen Fürsten und der Autorität des Senats, General-Präsident in ganz Judäa, wünschend die vorgenannte Provinz, die unserer Treue anbefohlen ist, von Uebelthätern zu reinigen, urteilen und verordnen, wie folgt."

Verzweiflung des Judas. Er bringt den Pharisäern das Blutgeld zurück. Er erhängt sich am Baum, nachdem er eine Leiter bestiegen hat. Seine letzte Worte sind:

> Cosi me privo e la mia vita casso
> Dando l'anima e 'l corpo a Satanasso.

Während dieser Scene sitzt noch Pilatus auf dem Tribunal und die Juden stehen vor ihm. Der Ritter, welcher die executive Gewalt darstellt, empfängt Jesus zur Vollstreckung des Urteils und übergibt ihn seinen Knechten.

Christus wird entkleidet. Er betet am Kreuze. Während der Heiland an das Kreuz befestigt wird, singt der Chor der Heiden eine Strophe voll Zorn gegen die Juden.

Johannes' Klage. Die Marien suchen Jesus. Die Mutter fragt Johannes nach ihm. Sie fällt in Ohnmacht. Sie erhebt sich wieder. Marienklage.

Christus betet. Die Knechte Malchus, Geta und Chimel würfeln um seine Kleider. Maria bittet den Ritter, ihr zu erlauben, die Blöße ihres Sohnes mit einem Tuche zu verhüllen, da er „schamhaft" sei.

Die beiden Schächer reden. Maria und Christus reden. Jesus befiehlt die Mutter dem Johannes. Man gibt ihm zu trinken. Longinus gibt ihm den Lanzenstich. Chor der Engel.

Der Ritter meldet Pilatus, daß Jesus verschieden sei. Joseph von Arimathia fordert seine Leiche zur Bestattung. Vier Pilger kommen an das Kreuz, um anzubeten.

Kreuzesabnahme. Gesang der Engelchöre. Die Mutter empfängt den Sohn in ihren Armen. Marienklage.

Ein Centurio kommt zu Pilatus und beklagt sich über die ungerechte Verurteilung Christi. Der römische Landpfleger entschuldigt sich durch den Zwang, den ihm die Juden auferlegt haben. Der Ritter berichtet von den Zeichen beim Tode Jesu, und der Centurio hält den Schlußepilog dieses Inhalts: Solche Zeichen und Wunder beweisen, daß Jesus nicht ein Verführer und boshafter Zauberer gewesen ist, wie ihn die Juden darstellen. Mögen diese nun darauf gefaßt sein, daß über sie, ihre Kinder und ihr ganzes Land der Untergang hereinbrechen wird.

Man stelle sich vor, welche Erbitterung gegen die Juden dies aufregende Passionsspiel hervorrufen mußte. Die unglücklichen Hebräer, welche seit den Zeiten des Pompejus in Trastevere und an den Tiberbrücken wohnten, haben wol jeden Osterfreitag mit Angst erwartet. Allein die Römer waren hochherziger und duldsamer gegen den unterdrückten Stamm als andere Völker. Wenn die Tausende von Zuhörern nach beendigtem Spiel aus dem Colosseum bei Fackellicht heimkehrten, konnte der Anblick zweier alten Denkmäler ihre Aufregung beschwichtigen, indem diese bewiesen, daß die Prophezeiung jenes Centurio vollkommen erfüllt war. Denn nur wenige Schritte vom Amphitheater des Titus entfernt sahen sie den Triumphbogen dieses Kaisers, das Denkmal der Zerstörung Jerusalems, und den besser erhaltenen Bogen Konstantins, das Denkmal des Sieges der christlichen Religion über Judentum und Heidentum. Das römische Passionsspiel hatte in der That ein Theater von weltgeschichtlicher Erhabenheit.

Seit dem Jahre 1525 wurde es nicht mehr jährlich gefeiert. Dies war die Folge der schrecklichen Plünderung Roms durch das Kriegsheer Karls V.; wahrscheinlich war in dieser der ganze Apparat des Spiels mit anderm Eigentum der Brüderschaft del Gonfalone vernichtet worden. Man gab das Passionsspiel nur noch alle vier Jahre, und schon im Jahre 1539 zum letzten male. Pius IV. verbot es endlich für immer, wegen der Aufregung, die es zu veranlassen pflegte. Das erhitzte Volk warf mit Steinen nach den Spielern, den Juden und Häschern. Es gab wol auch aus andern Ursachen, wie bei den alten Circusspielen, Streit und Totschlag unter den Zuschauern, von denen manche durch Blutrache miteinander verfeindet waren.

Die Passionsspiele werden nirgends mehr in Italien gegeben. Sie haben sich überhaupt nur zu Oberammergau und in einigen tyroler Orten am Inn erhalten, oder nach langer Unterbrechung wieder erneuert. Die alte Handelsstraße, zugleich die Straße der romfahrenden Kaiser, welche aus dem Inntale über die Alpen in das Etschtal führt, hat gerade jene beiden deutschen Länder, Baiern und Tyrol, mit Italien in lebhafte Verbindung gebracht, und noch heute gibt die Bauart deutscher Orte an jener berühmten Straße davon Zeugniß. Auch das Passionsspiel ist, wie alle dramatische Kunst, ursprünglich aus Italien nach Deutschland herübergekommen. Jenes in Oberammergau hat mehrmals eine moderne Ueberarbeitung erfahren, und ist zu einer künstlerischen Vollendung vorgeschritten, die ihm den einfachen und volkstümlichen Charakter geraubt hat.

II.
Das deutsche Passionsspiel in Tyrol.

Das Passionsspiel in Oberammergau hat jetzt einen Weltruf erlangt, welcher größer ist, als jener der römischen Osterspiele zu ihrer Zeit. Es stellt in unserem von den wichtigsten Aufgaben politischer, socialer, volkswirtschaft= licher und wissenschaftlicher Natur bewegten Zeitalter eine Renaissance des mystischen Idealismus dar, und dieser hat wesentlich in Baiern sein Theater gefunden.

In demselben Lande werden auch, fast jährlich, die Opernspiele Richard Wagners in Baireuth aufgeführt, welche man Mysterien nennen darf, da sie die gleiche romantische Mystik durchweht. Sie gipfeln im Parcifal= Gral und stehen in geistiger Verwandtschaft zu den Passionsspielen in Oberammergau. Zu diesen merk= würdigen Erscheinungen könnte der Geschichtschreiber der Cultur unserer Zeit noch eine dritte gesellen, ich meine die feenhaften Schlösser, die Ludwig II. von Baiern, der Freund und Protector Wagners, mit überschwenglicher Pracht erbaut hat: ein geistvoller, unglücklicher König, in welchem sich der mystische Schwanenritter Lohengrin mit dem Schatten des Roi Soleil, Ludwigs XIV., auf so wundersame Weise zu einer Gestalt verbunden hatte. Seine Königsschlösser stehen wie phantastische Gral=Burgen in den Alpen und an ihren Seen, einige nicht weit von Oberammergau.

Die geistlichen Mysterien dort sind vielfach beschrieben und in zahllosen Bildern dargestellt worden. Es gibt schon eine Literatur darüber. Ich werde sie nicht vermehren. Aber ich halte es der Mühe wert, aus meiner Mappe einen Bericht hervorzuziehen, den ich, lange bevor ich der Aufführung in Oberammergau beigewohnt hatte, über das tyroler Passionsspiel zu Thiersee (am 30. Juli 1865) veröffentlichte, denn dieses hat als ein altertümliches echtes Bauernspiel einen tiefen Eindruck auf mich gemacht.

Ich war vom Süden heraufgekommen, um mich in der Gebirgsluft Tyrols zu erfrischen. Das Tal von Kufstein, seine schönen Berge, und der Inn, welcher mit wilder Majestät an ihnen hinrollt, fesselten mich beim ersten Anblick so sehr, daß ich beschloß, einige Tage in dieser Einsamkeit zu bleiben. In keiner Weise sollte ich das zu bedauern haben. Urdeutsches Wesen begrüßte mich hier; zunächst das langentbehrte Volksschauspiel Faust, sodann das von mir nie zuvor gesehene Passionsspiel, welches in einem Gebirgsort von Bauern dargestellt ward. Man sagte mir davon zufällig in Kufstein einige Tage zuvor, bezweifelte jedoch, daß die Aufführung stattfinden würde, weil „Christus plötzlich die schwarzen Blattern bekommen habe", und der junge Bauer, der diese Rolle vortrefflich spiele, kaum ersetzt werden könne. Auch Pilatus sei krank geworden.

Jedoch am Abend vor dem festgesetzten Tage tröstete mich eine aus den Bergen kommende alte Frau, welche die Nachricht brachte, daß der Landpfleger Pilatus gesund geworden, daß der wirkliche Jesus zwar an den Blattern krank sei, aber ein stattlicher junger Bauernsohn, der zuvor eine andre Figur zu spielen pflegte, jene übernommen

und in zwei Tagen gut einstudirt habe. Das Passionsspiel
würde demnach durchaus ohne Störung gegeben werden.

Der Morgen brach an, kühl und klar. Ich wanderte
zwei Stunden lang durch Tannenwälder im Gebirge
fort, bis ich in ein freundliches Tal hinabstieg. Ein
See liegt im Vorgrunde. Grüne Höhen umstellen ihn.
Zerstreute Gehöfte und eine Kirche mit weißem Turm
patriarchalisch im Grün. Dies ist Thiersee, kaum ein
Dorf zu nennen, da nur wenige Gebäude um die Kirche
versammelt sind. Es ist daher befremdend, daß gerade
hier, mitten in unwegsamen Bergen das Theater für
jene Spiele aufgeschlagen ist, die schon seit lange dort
von Bauern gegeben werden, und viele Tausende von
Menschen aus nah und fern herbeiziehen. Warum wählte
man nicht einen größeren Ort dafür, mit leichteren
Mitteln des Verkehrs, wie etwa Kufstein selbst? Als ich
die herrliche Waldidylle rings umher betrachtete, begriff
ich freilich, daß ihre romantische Einsamkeit durchaus
geeignet sein muß, eine uralte Tradition mit frommem
Gefühle festzuhalten.

Menschenschaaren strömten herbei. Andere füllten
bereits den Ort, und viele knieten im Gebet vor der
Kirche, während der Priester die Messe las und ein
mehrstimmiger Gesang erscholl. Ich fragte nach dem
Theater, wo das Spiel nach Beendigung des Gottes=
dienstes, um 8 Uhr beginnen sollte; man zeigte mir
ein großes, aus Holz roh aufgezimmertes Gebäude
auf dem Hügel über der Kirche; dies war das Schau=
spielhaus. Nichts Primitiveres konnte gesehen werden.
An einer der Eingangsthüren war der Theaterzettel auf=

geklebt, den ich hier zur Belehrung des Lesers aufschreibe: „Mit hoher, gnädiger Bewilligung wird auf dem eigens dazu erbauten Theater zu Vorderthiersee das große Versöhnungsopfer auf Golgatha oder das bittere Leiden, Sterben und die glorreiche Auferstehung unsers Herrn und Heilandes Jesu Christi, nämlich vom letzten Abendmale bis zur Himmelfahrt und zwar in 10 Akten an nachstehenden Tagen aufgeführt, als: am 17., 23. und 30. April, am 7., 14. und 28. Mai, am 5. und 25. Juni, am 2., 16., 25. und 30. Juli und 13. August d. J. Der Anfang wird jedes Mal an den obenbezeichneten Tagen nach dem hl. Gottesdienste — welcher um 6 Uhr früh ist — gemacht werden; das Ende ist um 6 Uhr Abends. Eintrittspreise: Erster Platz: nach Belieben. Zweiter Platz: 60 Kreuzer österr. W. Dritter Platz: 40 Kr. Vierter Platz: 20 Kr. Kinder unter 9 Jahren bezahlen überall die Hälfte. Die Passionsgesellschaft macht hierzu ihre höfliche Einladung und wird eifrig bemüht sein, den gerechten Anforderungen des hochverehrten Publikums nach Kräften zu entsprechen. Vorderthiersee am 20. März 1865."

Die Vorstellung sollte demnach den ganzen Tag ausfüllen, und zwar in zwei Hälften; denn von 8 bis 1 Uhr, also 5 lange Stunden hindurch, sollte die Passionsgeschichte mit einleitenden, vorbildlichen Scenen gegeben werden; von 1 bis 2 Uhr sollte Pause sein, endlich von 2 bis 5 die Darstellung der Himmelfahrt und der Auferstehung den Schluß bilden. Also ein Tagesschauspiel, etwa in der Anordnung der antiken Bühne. Der Inhalt die religiöse Tragödie der Menschheit, welche auf die antike gefolgt ist, oder die große, christliche Mythe, durch welche die Mythen der alten Bühne verdrängt worden sind.

Die Klänge in der Kirche verstummten; der Gottesdienst war beendigt; die Zuschauer, lauter Tyroler Bauern und Bäuerinnen, etwa 1000 an Zahl, bewegten sich nach dem Schauspielhause. Große hölzerne Klappen, eine Art von Fallthüren, öffneten in diesem hier den Zugang zur Kasse, dort den zu einem Wein= und Bierschank, und auch die Thüren des Einganges zu den verschiedenen Sitzplätzen wurden aufgethan.

Das Innere des Hauses bot eine lange Reihe aufwärtssteigender Holzbänke dar, während zwei andere, mit schlechten und abgesessenen Kissen belegte den ersten Platz bezeichneten. Davor das Orchester, enthaltend ein Positiv für den Organisten, und weiße Holzbänke für die Musikanten. Darüber die Bühne, mit einem Vorhange zugedeckt und mit dem Bilde eines Mannes geziert, der die Lyra in den Händen dasaß. „Orpheus", so stand mit großen lateinischen Buchstaben darunter geschrieben. Die heidnische Figur des Orpheus scheint für das christliche Passionsspiel nicht passend, aber sie paßt im Gegenteil sehr gut dazu; denn sie findet sich als urchristliches Symbol in der Katakombenmalerei, wo sie, neben den bacchischen Symbolen, den Uebergang der heidnischen Mythe in die christliche bezeichnet. Davon wußten die wackeren Thierseer Bauern freilich nichts. Ihre Wahl dieses Symbols zu erklären, mag dem Leser gesagt sein, daß in ihrem Theater das Passionsspiel selbst nur alle 10 Jahre gespielt werden darf, um die Profanisirung des Heiligen zu verhindern, und daß in demselben Schauspielhause während der Profan-Jahre weltliche Komödien, Lust- und Schauspiele, Ritter- und Räubertragödien aufgeführt werden.

Das Schauspielhaus füllte sich bis zum letzten Sitz. Ich bemerkte auf dem ersten Platz kaum vier oder fünf Personen vom sogenannten höheren Stande, und nur zwei in Seide gekleidete „Damen", die aus ihrer benachbarten „Sommerfrische" in den Bergen heraufgekommen waren. Alle Uebrigen, Bauern und Bäuerinnen, in den Trachten ihrer Täler, vierschrötiges Volk vom Stamme des Andreas Hofer, Speckbacher und Haspinger; hie und da eine blühende Milchmagd von der Alm, das Ideal der „schönen Sennerin" in robuster Form verwirklichend.

Alles Volk rauchte aus dicken langen Pfeifen, die Hüte unerschütterlich auf den Köpfen, und dies während der ganzen christlichen Tragödie. Selbst die Musikanten kamen rauchend, selbst der dicke Musikdirector setzte sich vor das Positiv, die Pfeife im Munde. Ein blauer Tabaksqualm füllte das Haus und suchte mühsam seinen Abzug durch die großen Wandeinschnitte, welche als Fenster Luft und Licht gaben und den Blick in die grüne Bergwildniß frei ließen. Die rohe Unsitte des Tabakrauchens bei öffentlichen Schauspielen (auch in Holland üblich) fiel mir schon im Theater zu Kufstein auf; sie ist ganz widerlich. Diese Menschen können nicht einige Stunden lang einem künstlerischen Genusse sich hingeben, der ihnen doch als ihre eigene Production so viel Ehre macht, ohne Bier aus großen Krügen zu trinken und stinkenden Tabak zu qualmen. Sonst will ich rühmen, daß sich diese Montagnards durchweg mit Anstand betrugen. Während des ganzen langen Schauspiels saßen sie still und schweigend da, oft augenscheinlich ergriffen. Nur selten kicherten einige Mädchen, und dies war ihnen zu verzeihen. Sie kannten ja alle Bauernburschen, welche jetzt plötzlich ihrer Wirklichkeit entrückt, in ein fernes Jahrtausend versetzt, in wunderlichen Gewändern, als Patriarchen oder Apostel oder römische Ritter vor ihnen dastanden und statt zu jodeln, hochtönende und bombastische Reden in Versen declamirten. Als Nachmittags in der Vorhölle oder dem Limbus, wohin Christus hinabstieg, unsere sehr ehrwürdigen Ureltern ans Licht emporzuziehen, ein kleiner dicker Mensch, nackt, d. h. in baumwollenem Ueberzug mit einem dicken Laubschurz um die Lenden auftrat, lachte eine Sennerin, die neben mir saß, unaufhörlich; sie sagte mir, daß dies der Sepperl vom Stablwirt sei, der jetzt den Adam mache; er könne gar nicht spielen, noch viel weniger singen. Sie bezeichnete mir manche andere Personen, den wunderlichen Noah zumal mit der hölzernen Arche in den Händen, und den König David mit der Harfe, und sie bemerkte jedesmal mit Lachen, wenn einer davon ein ungeschickter Spieler war.

Drei Böllerschüsse. Dann dreimaliges Klingeln. Der Vorhang geht auf. Ländliche Scene. Auf der Bühne hin- und hergehend ein großer Mann mit falschem schlecht angeheftetem Bart, gekleidet in eine bairische Joppe mit grünen Aufschlägen, in gelben Hosen und großen Stiefeln, dicke weiße Handschuhe von Baumwolle an den Händen, einen Soldatensäbel umgeschnallt. Er geht in Halbkreisen ungeschickt auf der Bühne hin und her, und spricht in Versen; sie lauten nach Hans Sachs. Der herzutretende Knabe und das Weitere erklärt uns, daß dies Vorspiel das Opfer Abrahams bedeute. Welch' ein Costüm für den Erzvater und Patriarchen! Er gleicht einem Polizeidiener von heute oder einem Waldwächter. Wird das ganze Passionsspiel in dieser burlesken Weise dargestellt werden? Abraham führt den Sohn auf den Altar; er zieht den Säbel — himmlische Erscheinung — das künstliche Lamm wird vorgeschoben — der Patriarch ergreift es an den Hinterbeinen, und schlägt ihm mit einem einzigen Hieb den Kopf herunter. Der Vorhang fällt für einen Augenblick.

Zweites Vorspiel. Ländliche Scene, wie früher. Eine Heerde von papiernen Schafen. Dazwischen geht ein großer Mann singend auf und ab; er trägt lange blonde Locken, einen langen blauen Rock, rote Schuhe, grünen Hut, einen großen grünen Stab und eine grüne Tasche; die weißen baumwollenen Handschuhe fehlen nicht. Während die Musik leise spielt, singt er eine sanfte rührende Hirtenmelodie, deren Refrain ist: „Weidet, meine Schäflein, weid't, Ihr seid meine größte Freud'." Er bezeichnet jedes Schaf mit einem roten Kreuz. Er bemerkt, daß ihm eins fehlt, und drückt seinen Schmerz darüber aus. Er will es suchen gehen. Im Hintergrunde erscheint plötzlich das Kreuz auf dem Kalvarienberge, woran das verlorene Schaf sichtbar wird. Der Vorhang fällt für einen Augenblick. Das war die Scene vom guten Hirten.

Das eigentliche Passionsspiel nimmt jetzt seinen Anfang. Ich werde dessen Abteilungen mit Zahlen vorzeichnen, und den Inhalt kurz bemerken. Der Vorhang fällt jedesmal auf sehr kurze Zeit nach jeder Scene.

1) Jesus tritt auf mit den Jüngern, auf dem Wege nach Jerusalem, das Osterfest zu begehen. Sie folgten ihm in der Stille. Die Erscheinung dieser heiligen Personen war überraschend, ohne Caricatur, voll einfacher Würde. Jesus, der größte Mann überhaupt unter allen Spielenden, überragt sie um Haupteslänge als ein Volksherzog, wie ein altdeutscher „Heliand". Ein schöner junger Bauer stellt ihn wider alles Erwarten gut vor. Es war mir kaum glaublich, daß er diese schwierige Rolle in nur zwei Tagen so sicher memoriren und das Spiel so richtig auffassen konnte; doch der König Herodes, den ich in der Nachmittagspause darum fragte, versicherte mich, daß dem wirklich so sei, daß aber der eigentliche Jesus, das heißt der ursprüngliche Schauspieler sein' Sach' würde viel besser gemacht haben. Jesus trägt lange, dunkelblonde gescheitelte Locken, und einen langen, nicht geteilten Bart, ein langes blaues Gewand, mit einem roten stolaartigen Ueberwurf. Drei goldene Nimbusstralen sprießen, wie auf alten Bildern, aus seinem Haupt. Die Gewandung der Jünger ist ähnlich, nur in den Farben abwechselnd, augenscheinlich alten Gemälden entnommen. Sie tragen weder weiße Handschuhe noch Stiefeln. Jesus hält die Hände betend zusammengelegt, die Jünger thun das Gleiche. Sie sprechen in Plattversen, deren große Einfalt dem Dargestellten auf das Beste entspricht, und das Ganze mit einem altertümlichen Hauch umgibt. Ihr Vortrag ist ohne Accent, völlig monoton, gedehnt fast bis zum leisen Gesange; die ge-

dämpften Worte fallen in einem und demselben Takt, wie Regentropfen; dies bringt Einheit in das ganze Wesen und eine dauernde Wirkung. Die Jünger treten leise, mit nackten Füßen auf; sie wandeln. Nur Judas zeigt in seinen Bewegungen Persönlichkeit, weil er eigenen Willen besitzt; er ist gelb gekleidet, und hat Schuhe oder Sandalen an den Füßen, welche seinen Schritt lautbar machen. Er hält stets den Geldbeutel in der Hand.

2) Das Abendmal. Paraphrase des Vaterunsers. Jesus wäscht den Jüngern die Füße. Er teilt das Brod aus. Der abseits sitzende Judas spricht in einer Rede seinen Zweifel an der Gottheit des Meisters aus: „er ist ein Mensch wie wir, daß er ein Gott auch sei, braucht eitel starken Glauben."

So wie er uns gesagt, so wäre dies sein Blut?
Ich finde keinen Unterschied, der Wein der schmeckt
mir gut.

Judas wird also keineswegs als Verräter aus gemeinen irdischen Absichten dargestellt, sondern als der Geist des Zweifels, der Häretiker des Gedankens. Die Bauern von Tyrol haben dies herausgefunden, ohne das Leben Jesu von Strauß und Renan zu lesen. Die ganze Gruppierung des Abendmals war gut und alten Bildern entlehnt.

3) Zwei Engel treten auf; große und derbe Bäuerinnen, in weißen Kleidern, aber mit dem roten dreieckigen Gürtel von der Tyroler Form. In der Rechten einen hohen Stab mit dem Kreuz, in der Linken ein weißes Tuch, das sie nach Landesart zusammenfalten. Dies sind nicht ätherische Genien der Luft, sondern robuste Wesen vom

Gebirg, aus der Familie des Rübezahl. Sie haben auch keine Flügel, doch Kränze im Haar, wie aus Waldblumen, und weiße baumwollene Handschuhe auf den Händen. Ihr Gesicht ist kirschrot geschminkt. Sie stellen sich auf und bleiben so bewegungslos stehen, ohne zu gesticuliren. Sie singen eine altertümliche Weise, deren Refrain lautet: „O Uebermaß der Liebe". Sie treten auch in der Folge als eine Art von Chor immer im rechten Moment auf, wo die Stimmung sich über das Maß erhöht hat, oder ein Erschütterndes gemildert werden soll. Sie verbinden das Irdische mit den Sphären des Himmels, dessen vermittelnde Boten sie sind. Ihr Wiedererscheinen in derselben Gestalt, mit derselben schönen Melodie, bringt etwas Episches in die Handlung und wirkt tröstend, beruhigend und versöhnend. Es war mir immer, als schiene die Sonne wieder, wenn diese zwei dörflichen Engel auftraten und in ihrer treuherzigen Mundart ihr schlichtes Lied sangen.

4) Judas, schon vom Meister abgefallen, tritt auf: er hält einen Monolog. Ein Hauptmann belauscht ihn und gibt ihm Geld.

5) Ein Zimmer. Der Hohe Rat versammelt um Kaiphas, welcher auf einem Tronsessel sitzt: dahinter ein Schrank, worüber die mosaische Gesetzestafel. Die Herren Schriftgelehrten und Pharisäer tragen Buchrollen in den Händen, und diese sind mit weißbaumwollenen Handschuhen bekleidet, welche im ganzen Passionsspiel als unerläßliche Anstandspflicht vorgeschrieben sind. Ihre reichen Costüme, aus goldbrokatenen Priestergewändern zusammengesetzt, ihre wunderlichen Mitren, sind durchaus dem Judentum

entsprechend. Einer dieser geistlichen Räte hat vergessen, seine großen dicken Alpenstiefel zu wichsen, auch sitzen die Hosen nicht gut, die Strippen haben sich verschoben. Die weißen Handschuhe von Anderen sind bereits schmierig geworden; doch ein Consistorialrat hat auf solche irdische Zufälligkeiten nicht viel zu achten.

Sie spielen handwerksmäßig und hölzern. Sie könnten Pyramus und Thisbe trefflich vorstellen. Kaiphas ist der leibhaftige Peter Squenz. Er hat am besten memorirt. Er schwelgt im Gefühle seiner vollendeten Meisterschaft; er ist so eifrig, daß er das Stichwort nicht abwartet. Er zersägt seine Verse, wenn er sie hersagt, wie ein Tischler; er stampft bei jedem Kraft- und Schlußwort mit dem Fuße, daß der Boden dröhnt. Er arbeitet mit zwei Handbewegungen, das heißt, er dreht die Hand einfach nach oben oder nach unten um. Ein Teil des heiligen Sanhedrin scheint bei der Schweizergarde im Vatican gedient zu haben. Dies ist wahrhaft ergötzlich. Judas kommt und bietet seinen Verrat an. Man zählt ihm die 30 Silberlinge in mehr als klingender Münze auf einem Tische hin. Zwei häretische Schriftgelehrte, heimliche Anhänger Jesu, verlassen den Sitzungssaal. Kaiphas ruft:

> Wenn wir diesem noch lange durch die Finger sehn,
> So ist es um unser Gesetz kürzlich geschehn.

Aufstampfen mit den Füßen. Der Vorhang fällt.

6) Judas tritt allein auf, mit dem Zweifel ringend, ob er den Herrn verraten soll. Ein schwarzer Höllengeist oder Rüpel, eine goldene Krone auf dem Haupt, kommt hervor und manipulirt (unsichtbar für Judas) mit

schwarzen Händen, tanzend und stumm gesticulirend hinter dem Zweifler, in dessen Rücken er stets bleibt. Er ist der böse Geist mit schwarzbaumwollenen Handschuhen. Ein grün gekleideter Hirte erscheint, eine Art von Nimbus um das Haupt; er mahnt Judas vom Verrate abzustehen. Er ist der gute Geist mit weißbaumwollenen Handschuhen. Beide kämpfen um den abfallenden Jünger; der Satan, immer hinter dem Rücken desselben, tanzend als Rüpel, wie ein Affe, mit den Händen um das Haupt manipulirend, ins Ohr raunend. Meisterhaftes Spiel; die gelungenste aller Scenen, tiefsinnig, wahrhaft ergreifend, wie ein Gedanke Shakespeares. Der böse Geist siegt, während der gute trauernd hinweggeht. Jener bindet vorbedeutend einen Strick um den Arm des Judas, an welchem er ihn mit sich zieht. Scene von echt dramatischer Wirkung, welche die Handlung mit zwiespältigem Leben erfüllt, und die Spannung bis zur Ungeduld steigert.

7) Jesus erscheint mit Johannes, mit zwei andern Jüngern und seiner Mutter. Erstes Auftreten einer Frauengestalt. Maria, ein hübsches Bauernmädchen, sanft und linkisch, fast bewegungslos, ohne Persönlichkeit. Sie kann weder Freude noch Schmerz ausdrücken, es sei denn durch Weinen. Eine große Aufgabe für ein naives Bauernmädl, das auf der grünen Alm die Kühe zu melken gewohnt ist, und jetzt plötzlich als „Mutter Gottes" auf einer Bühne steht, mit lang aufgelösten Haaren, in einem lila Gewande mit Silberborten, von einem großen blauen Schleier umwallt. So soll sie die schwierigste Figur darstellen, welche überhaupt der Schauspielkunst geboten

werden kann. Die schwierigste und dennoch die einfachste. Würde die große Schröder sie besser dargestellt haben, als dies Hirtenmädchen? Dies ist zweifelhaft. Das vollendete Kunstbewußtsein würde hier vielleicht weniger erreichen, als der gänzliche Mangel an Kunst. Die Maria von Thiersee spielte gar nicht; sie war nur Erscheinung; dies machte ihre Rolle bedeutungslos, aber erträglich. Sie glich einem Bilde von Cranach oder von Schongauer, wie überhaupt alle anderen Frauengestalten in diesem Passionsspiel durchaus wandelnde Bilder altdeutscher Malerei waren. Nichts überraschte mich so tief, als diese Wahrnehmung, und der Vergleich des deutschen Wesens mit dem des italienischen Kunst-Ideals, selbst in den Gemälden der ältesten Schule von Siena und Florenz. Wie würde eine Italienerin, auch nur von der Campagna Roms, neben einer Tyrolerin als Jungfrau Maria ausgesehen und gespielt haben?

Jesus kündigt der Mutter seinen nahen Tod an. Sie spricht bewegungslos, mit monotoner Stimme ihren Schmerz aus; doch wir nehmen diesen nicht wahr. Erste Anfänge der Kunst; das Gefühl und die Bewegung sind noch gebunden — im Uebrigen, ein mildes, immer gleiches Wesen, ein schönes Bild. Jesus tröstet die Mutter:

> Es hat dem Herrn von Ewigkeit gefallen,
> Daß ich in besten Jahren des Adam Schuld muß zahlen.

Maria: Geh' hin, erlös' die Welt!
> Und wähl' Dir solche Todesart,
> Die mich nicht quälen thut, so hart.

Jesus: Es zittert mir das Herz, wenn ich nur denk' daran,
> Wie man mir Händ' und Füß' ans Kreuz wird
> heften an.

Maria sinkt in Ohnmacht. Die Jünger halten sie aufrecht. Gute Gruppe. Die ganze Abschiedsscene zu lang und zu ermüdend.

8) Die beiden Engel, mit dem Stab und dem Tuch in der Hand, treten auf und singen ihr reizendes Trostlied. Es stimmt die Akkorde für die folgende Scene.

9) Der Oelberg. Jesus mit den drei Jüngern. Er weissagt die Verleugnung Petri. Es dunkelt. Der Mond geht auf — ein transparentes Papiergesicht, wie aus der Kinderfiebel, am Balken des Daches fortziehend. Die Jünger beten mit Jesus, welcher auf dem Oelberge kniet. Sie nicken auf ihren Knieen ein; sie legen sich — fehllos dargestellt, von großer Wirkung — keine Spur von Uebertreibung. Jesus kommt herab, und weckt die Schlafenden. Sie beten wieder, während er auf den Berg zurückgegangen ist, und laut betet; sie schlummern wieder ein; sie legen sich. Jesus kommt und weckt sie. Sie beten, nicken wieder ein, und legen sich. Mächtigste Wirkung dieser Scene; das ganze Theater in lautloses Schweigen versunken, unter dem Banne von Furcht und Rührung.

Jesus laut betend auf dem Berge. Eine Wolke senkt sich herab. Gott Vater erscheint, in bengalischem Feuer, ein Greis mit langem weißem Bart, gleich dem Jupiter Pluvius; das Scepter und die Weltkugel in Händen tragend. Mit tiefer Geisterstimme mahnt er Jesus, mutig für die Menschheit zu sterben. Der Heiland weckt die Jünger wieder — sein Hin und Her, sein Verzweiflungskampf, sein Trostsuchen bei den Menschen, seinen Freunden und Jüngern, welche immer wieder in Schlaf sinken, seine schreckliche Einsamkeit in der kalten und egoistischen Welt, wo das Göttliche nicht verstanden wird, sind wahrhaft ergreifend. Die gesammte Poesie hat nichts aufzuweisen, was der prometheischen Erhabenheit dieser Nachtscenen auf dem Oelberge an Größe nur im Entferntesten ähnlich wäre. Jesus betet allein, im irdischen Seelenkampf. Eine sanfte Musik beginnt zu spielen. In einer Wolke erscheint ein Engel über Jesus, der hingesunken ist. Er trägt das Kreuz und den Kelch. Der Heiland erwacht aus seiner Versunkenheit, er nimmt das Kreuz aus des Engels Händen und trinkt den Kelch. Alles still. Die Musik spielt eine altertümliche Weise. Man hört im Theater laut seufzen. — Die Menschenfurcht ist überwunden.

Der Tag bricht an. Eine Wand wird im Hintergrunde fortgeschoben. Man sieht die grünen Alpen in der freien tyroler Natur. Eine Brücke stellt sich dar, darüber kommt Judas, hinter sich bewaffnete Kriegsknechte mit ihrem Hauptmann. Sie treten auf die Bühne. Sie suchen Jesus. Judaskuß. — Als Jesus sagt: Ich bin's, den ihr sucht! stürzen sie alle, wie von seiner Majestät betäubt zu Boden. Petrus haut dem Knecht Malchus das Ohr ab. Jesus setzt ihm das Ohr wieder an. Dieser wunderhafte Vorgang wird von ihm vollzogen, ohne Erstaunen hervorzurufen. Es ist das einzige Wunder im Passionsspiel. Die Wunder scheuen das Publikum selbst in diesem Spiel. Die Kriegsknechte, vier an der Zahl, binden Jesus mit Ketten und Stricken, woran sie ihn halten, in solcher Weise, daß sie ihn nach allen vier Weltgegenden hin- und herzerren, und dies scheint eine symbolische Vorstellung zu sein. Die Mißhandlungen beginnen — zu bäurisch derb, zu wirklich und roh; dies sollte gemildert werden, wie überhaupt das Naturalistische in diesem Passionsspiel dem gebildeten Gefühle unerträglich ist. Man führt Jesus über jene Brücke fort, von welcher ihn die Soldaten mit Hohngelächter hinabstoßen. Wirkliches Wasser spritzt empor. Der Vorhang fällt. — Diese mit vollkommen dramatischer Kunst angelegte sehr große Scene ist ein Gipfel des ganzen Passionsspiels.

10) Zimmer mit landschaftlichen Bildern im Rahmen, wie von Paul Brills, und mit goldnen Spiegeln. Jesus wird von den Knechten zum Verhör eingeführt. Der Hohepriester hält ihm seine Verbrechen vor. Er schweigt; dann gibt er eine kurze Antwort. Die Knechte mißhandeln ihn. Er wird zum Hohen Rat abgeführt. Der schwierigere Teil der Rolle beginnt; nämlich die Aufgabe für den Spieler, unter den Mißhandlungen der Knechte und Pharisäer Würde zu behaupten. Diese Aufgabe wurde dem wackern Bauer durch die verteufelten vier Knechte schwer genug gemacht, indeß er führte sie mit Anstand durch.

11) Petri Verleugnung. Ein Vorhof. Ein Kohlenfeuer brennt; daran wärmen sich Soldaten und Knechte; sehr drastisch vorgestellt, mit lebendiger Natur: ein vollkommenes Genrebild. Petrus, von der Magd verraten, verleugnet seinen Herrn. Der Hahn kräht.

12) Petrus allein, voll Scham und Reue; Jesus, zum Verhör vorübergeführt, wirft einen stummen Blick auf ihn.

13) Maria und Magdalena treten auf. Magdalena, das schönste Mädchen von Thiersee, ein prächtiges deutsches Bild. Sie trägt die Haare lang aufgelöst über dem

Busen, in der Hand das Salbengefäß: sie sieht wirklich aus wie eine Magdalena, und sie spielt besser als Maria, welche ihre eigene Schwester ist. Maria vergibt Petrus seinen Verrat an Jesus. Johannes kommt, dessen Gefangenschaft und verzweifelte Lage anzukündigen. Der Liebling Jesu ist ein junger Mensch mit langen Haaren, im grünen Gewande, er sieht aus wie ein vermuckerter Seminarist und spricht mit weinerlicher Stimme — eine der am wenigsten guten Figuren unter diesen Spielern.

14) Zwei Jesu günstig gesinnte Pharisäer, und ein junger, prächtig gekleideter Ritter treten auf. Die Pharisäer behandeln diesen mit Respect als eine einflußreiche Person; sie reden ihn mit Sie an und nennen ihn Herr Hauptmann von Capernaum, als stünde er beim österreichischen Regiment Erzherzog Rainer oder Prohasca. Der Hauptmann ist ein schöner Bursche, aber ein schlechter Spieler. Er steht nie still, er beschreibt stets eine Curve auf der Bühne, wobei er sein Gelerntes hersagt. Auch er arbeitet mit zwei Handbewegungen, wovon er sich manchmal durch eine dritte erholt, indem er eine Faust macht und den Daumen in die Höhe hält. Seine weißbaumwollenen Handschuhe sind untadelhaft. Man lacht im Theater. Diese Herren ratschlagen über die Rettung Jesu. Herr von Capernaum rasselt endlich davon.

15) Sitzung des Hohen Rats. Kaiphas, Präsident. Die vier Schergen schleppen Jesus zum Verhör. Er schweigt voll Würde. Zwei falsche Zeugen treten vor, wie Jesuiten in schwarzer Kleidung, aber mit einer reichgestickten Dalmatica. Jesus wird abgeführt. Jetzt tritt Judas auf, schon reuevoll; er bringt das Geld zurück, welches der Hohe Rat nicht

annehmen will. Er wirft die volle Börse mit einem
Ajaxwurf unter die Pharisäer, die geschickt ausweichen.
Wie Judas hinwegstürmt, ruft ihm Kaiphas nach:

> Geh', Juda, krepire wie ein Viehch,
> Es warten alle Teufel schon auf dich.

16) Scene im Wald. Ein einzelner Baum aufgerichtet, darunter ein grüner Teppich ausgebreitet, Rasen
vorstellend. Judas erscheint, allein, und voll quälender
Reue. Die Furie in seiner Brust beginnt ihr Zerstörungswerk. Die Verzweiflung wird durch wütendes Hin- und
Herlaufen auf der Bühne, und durch Aufstampfen mit
den Füßen ausgedrückt, und dadurch eine der wirkungs-
reichsten und tiefsinnigsten Scenen des Passionsspiels bisweilen zerstört. Die Nürnberger Verse seines Monologs
entsprechen durchaus dem hölzern handwerksmäßigen Spiele.

> So jedermann kann auf meiner Stirne lesen,
> Daß ich im Mutterleib ein Höllenbrand gewesen —
> Es ruft ein Abgrund immer den andern an,
> Nach Millionen Jahr' ich keine Ruhe finden kann.
> Furien, mich zerreißt, o nehmet mir das Leben —
> Furien, kommt herbei, regieret meine Hände,
> Daß ich mit eins Gewissenspein und Leben ende.

Er langt den Strick hervor. Der gute Geist tritt
auf, in der Gestalt wie zuerst; er mahnt Judas vom
Selbstmorde ab, fordert ihn zur rechten Buße auf, und
gibt ihm Hoffnung auf die göttliche Gnade, welche jeder
reuige Sünder erlange. Judas verwirft diese Mahnung;
er glaubt nicht an die Gnade; er verflucht sie. Die
Verzweiflung hat seinen Geist verdunkelt und sein Herz

verhärtet; er will hinunter in die Hölle. Der gute Geist verläßt ihn für immer.

Nun legt sich Judas, erschöpft, auf den Rasen unter dem Baum. Er schläft. Petrus tritt auf, der andere, doch weniger schuldige Verräter an dem Meister, voll Qual und Reue um sein Vergehen. Die Verbindung dieser beiden Gestalten ist großartig, des Shakespeare würdig. Die Scene würde den mächtigsten Eindruck hervorgerufen haben, wenn nicht Petrus in der verunglückten Figur eines alten, gebrochenen und weinerlichen Mannes mit schwächlicher Stimme erschienen wäre. Auch im Aeußern hatte er nicht den traditionellen römischen Typus, wonach der Apostelfürst als ein starker großer Mann mit schwarzem krausen Bart vorgestellt wird, während Paulus einen langen und schlichten Bart trägt. Petrus geht mit einer kläglichen Lamentation ab, während Judas weiter schläft. Im Hintergrunde öffnet sich der Höllenrachen, woraus zwei schwarze Teufel auf die Bühne springen. Sie führen singend einen Rüpeltanz vor dem Schlafenden auf. Einer der Teufel steigt sodann auf den Baum über ihm. Judas erwacht; neue Wut überfällt ihn; er nimmt den Strick, er reißt sich das Obergewand ab und versucht sich die Sandalen auszuziehen, als ob ihn diese am Erhängen hinderten. Man lacht im Theater. Unter Anrufung der Furien stürmt Judas an den Baum und erhängt sich dort an einem Ast, wobei der oben versteckte Teufel ihm so geschickt behülflich ist, daß völlige Naturwahrheit erreicht wird.

17) Sobald der Vorhang gefallen ist, treten wiederum die beiden Engel auf, und mit ihrem schönen Liede:

„Auch mein Petrus ist gefallen", mildern sie die Schrecken der letzten Scene.

18) Eine kirschrot geschminkte Amazonengestalt erscheint; im schwarzen Sammet mit wunderlichem Silberbesatz, mit einem großen deutschen Halskragen, in einem helmartigen Kopfputz, wovon ein wehender goldener Busch herabhängt. Dies ist die Gemalin des Pilatus, von einem hübschen Bauernkinde unbehülflich, doch sonst recht gut vorgestellt. Frau Baronin von Pilatus hat sich nur die ersten Gesticulationen angeeignet, welche Kinder beim Declamiren anwenden. Sie bewegt die Hände auf und ab wie im Puppenspiel. Sie spricht ihren Abscheu über das grausame Schicksal Jesu aus, dessen heimliche Anhängerin sie ist, und sie fürchtet, daß ihr Gemal an ihm zum Sünder werden könne. Sie beschließt, Fürbitte für den Heiland einzulegen.

19) Der Hauptmann von Capernaum und der Landpfleger Pilatus; Dialog, bezüglich auf die Verfolgung des unschuldigen Jesus durch die fanatischen Juden. Pilatus ist eine dankbare Rolle: ein edler Römer, schwankend zwischen der Pflicht gegen das Gesetz, welches Rebellen bestraft, und der eigenen Menschlichkeit; die fanatischen Juden verachtend, doch ihre nationalen Rechte anerkennend, ihnen nachgebend aus Furcht, wie aus Unkenntniß. Das Costüm gut und passend; sehr kostbar, mit römisch ritterlicher Pracht. Als Auszeichnung trägt der Statthalter des Kaisers sehr schöne rotbaumwollene Handschuhe, rote Strümpfe und Schuhe von gleicher Farbe. Ich bemerkte mit Verwunderung, daß die Zusammenstellung von Rot und Gelb in den Römergewändern durchweg festgehalten

war — selbst die römischen Kriegsknechte waren in Rot und Gelb gekleidet. Woher mußten es die Tyroler Bauern, daß dies die alte römische Nationalfarbe war? Sie trägt noch heute der Senat auf dem Capitol, und sie ist stets die Farbe auch der Kirche Roms gewesen, bis sie Pius VII., ich weiß nicht aus welcher Laune, in Gelb und Weiß für die päpstlichen Fahnen verwandelte.

20) Kaiphas und die andern jüdischen Konsistorialräte erscheinen klagend vor Pilatus, der auf seinem Richterstule sitzt. Jesus von den vier Knechten zum Verhör gebracht. Er schweigt. Pilatus findet keine Schuld an ihm. Die Juden appelliren an Herodes.

21) Herodes auf dem Tron, mit Krone und Scepter, prächtig herausstaffirt. Die Juden bringen Jesus. Er schweigt. Die Knechte bekleiden ihn als König: sie setzen ihn auf einen Block, breiten ein weißes Gewand über ihn aus und krönen ihn mit einer Krone von Stroh. Sie mißhandeln und verhöhnen ihn. Ein Knecht bläst ihm mit einem Kuhhorn in das Ohr. Er schweigt voll Würde.

22) Die Juden bringen Jesus nochmals vor Pilatus, damit sein Todesurteil unterzeichnet werde. Pilatus, von ihnen gedrängt, erlaubt die Geißelung. Dieses Hin und Her und zu häufige Wiederholen derselben Scene vor dem Richterstule ist ermüdend. Man sollte die Hälfte davon hinwegnehmen und das Ganze zusammendrängen.

23) Jesus wird gegeißelt — die Kleidung stellt ihn nackt dar, mit herabrieselndem Blut. Die Passion beginnt, in krassestem und widerlichem Naturalismus. Die Kunst dieser Tyroler Dramatiker verschmäht durchweg die

Illusion. Nichts wird angedeutet; alles muß handgreif=
liche Wirklichkeit sein. Der Schlag ins Gesicht ist ein
wirklicher Schlag.

Der Hauptmann von Capernaum kommt; er zieht
sein Schwert, zerhaut die Bande des Gemarterten, welcher
vornüber auf den Teppich stürzt, und er verjagt die Knechte.
Ein Engel in Trauerflor naht sich dem Hingesunkenen,
singt eine schöne Weise über ihm, küßt seine Wunden
und verschwindet wieder — eine rührende Erscheinung,
Einwirkung der himmlischen Mächte, wie sie oft in den
Martyrerlegenden vorkommt. Die Knechte kommen zurück;
sie richten Jesus empor, setzen ihm die Dornenkrone auf,
geben ihm ein Rohr als Scepter in die Hand und werfen
einen Purpurfetzen über ihn. Sie führen ihn hinweg.

24) Die Juden wieder vor Pilatus. Jesus als König
vor ihn gebracht; der Landpfleger bekämpft die Forderungen
der Fanatiker.

25) Die Gemalin des Pilatus mit dem Hauptmann
von Capernaum. Sie bekennt Jesus als Messias. Sie
suchen nach Mitteln zu seiner Rettung. Hinter der
Scene fanatisches Geschrei: „Kreuziget ihn!"

26) Wiederum Pilatus auf seinem Richterstul, die
Juden und Jesus. Barabbas wird freigesprochen, der
Tod Jesu gefordert. Die Gattin des Landpflegers er=
scheint, fürbittend. Pilatus bekennt die Schuldlosigkeit
des Heilands, den er jedoch den Juden überantwortet.
Ein Page bringt ihm ein Wasserbecken. Er wäscht darin
seine Hände in Unschuld. Nun tritt ein Herold in den
Vordergrund, öffnet ein großes besiegeltes Papier und
verliest das Urteil. Die Sentenz, beginnend: „Wir Pon=

tius Pilatus, in des römischen Kaisers Namen Landpfleger von Judäa", ist in dem ergötzlichsten amtlichen Stile abgefaßt. Es wird bekundet, daß Jesus „über nachträgliche Stücke" angeklagt und verurteilt sei, und diese Stücke werden nach Nummern aufgeführt. Am Schluß: „Wir befehlen hiermit Kraft der römischen uns anvertrauten allerhöchsten hebräischen Gesetzgebung, daß Jesus u. s. w. Gegeben in unserer Residenz zu Jerusalem, am 15. Nizan, im Jahr 4420." Pilatus bricht den Stab. Jesus wird abgeführt.

27) Die zwei Engel treten auf und singen ihr schönes Lied.

28) Schlußscene der Passion. Kreuzigungszug. Voran die römische Fahne mit den Initialen S. P. Q. R., der Hauptmann mit den Kriegsknechten. Jesus, wieder in blauem und rotem Gewande, das Kreuz tragend. Er sinkt nieder. Simon von Kyrene, in der Kleidung eines Bauern, wird gezwungen beim Tragen des Kreuzes behülflich zu sein. Nach langer Weigerung faßt er das Ende desselben an. Der Zug geht hinter die Bühne. Maria, Magdalena und Veronica kommen jammernd, auch Johannes kommt. Trompeten hinter der Scene kündigen den Zug an, welcher sich wiederum auf die Bühne bewegt, zum Schlußact der Kreuzigung. Jesus sinkt in der Nähe der Frauen unter der Kreuzeslast nieder. Die Frauen sprechen ihm zu. Ergreifende Scene. Jesus betet stumm. Die Frauen klagen; er tröstet sie. Veronica deckt das Schweißtuch auf sein Antlitz und zeigt dessen Abbild.

Die Kreuzigung wird zugerüstet: die Musik spielt, während die Frauen weinend dastehen und ihren Schmerz durch heftiges Zittern der Arme ausdrücken — eine kindliche Ausdrucksweise für moralisches Leiden, welche durchweg im Passionsspiel zur Anwendung kam. Man sieht im Hintergrunde den Rat der Juden. Ich erspare dem Leser die Kreuzigungsscene, welche bis auf den Lanzenstich des Longinus und das ihm nachströmende und zu Boden fallende Blut mit dem derbsten Realismus einer Hinrichtung durchgeführt wurde. Es gehören Tyroler Nerven dazu, solche krasse Wirklichkeit zu ertragen. Ich bekenne, daß mich einen Augenblick lang ein so heftiger Widerwille überkam, daß ich im Begriffe war, fortzugehen; ich bezwang mich indeß selbst. Da die Entwicklung dieser heiligen Handlung den Kreuzigungstod nicht entbehren kann, so muß das Passionsspiel ihn allerdings zur Darstellung bringen, aber es ließe sich dies wol in einer Weise thun, wodurch die christliche Marterseligkeit, welche erst nach dem 7. Jahrhundert in das Vorstellen auch der Kunst einzubringen begann, in ihrem barbarischen Ausdruck etwas gemildert würde.

Man kreuzigte auch die Schächer am Boden, und richtete sie dann auf. Der gute Schächer verhielt sich still, der böse jedoch wollte seine Rolle durchführen, und vor allen Dingen nicht umsonst am Kreuze hängen, sondern auch wirklich mitspielen. Er arbeitete daher unaufhörlich mit Kopf und Armen sich loszureißen, einem wilden Thiere gleich, das aus seinen Banden zu entkommen sucht. Dies machte einen schrecklichen Eindruck und steigerte die brutale Wirklichkeit bis zum Unerträglichen. Die Frauen kommen ans Kreuz. Magdalena umfaßt dasselbe. Sie alle bleiben aufrecht stehen. Dies verwunderte mich; ich dachte an das schöne Frescobild des Fiesole zu S. Marco, wo die Mutter in Ohnmacht zurückgesunken ist.

Es wird dunkel. Donner und Blitz. Der Vorhang am Tempel reißt. Die Pharisäer stürzen entsetzt in den Vordergrund. Endlich die Abnahme vom Kreuz, an welchem der Spieler in der peinlichsten Lage geschwebt hat, mit den Füßen auf ein Brett sich stützend, und mit den Händen in eisernen Klammern sich festhaltend. Nur ein Mann von heroischer Muskelkraft konnte diese wirkliche Marter ertragen. Wenn ich den kraftvollen Spieler, eine wahrhafte Athletengestalt, betrachtete, mußte ich des bekannten Gedichts Chamissos von dem Künstler und seinem gekreuzigten Modell gedenken. Die Abnahme wurde vorgestellt in traditioneller Weise. Wie es mir schien, diente das Gemälde Danieles von Volterra in S. Trinità ai Monti zu Rom zum Vorbilde. Es folgte die Pietà. Dann treten die beiden Engel auf. Alle Handelnden knien nieder und singen, opernhaft, doch in schönen altertümlichen Weisen, den Schlußchor. Der Vorhang fällt. Ein Bauer tritt hervor und kündigt dem hochverehrten Publicum an, daß nun eine einstündige Pause stattfinden würde, während welcher Erfrischungen im „Bräu" genommen werden könnten, und daß sodann drei Böllerschüsse die Fortsetzung des Spiels, nämlich der Auferstehung und Himmelfahrt ankündigen würden.

Es ist 1 Uhr. Wir haben 5 ganze Stunden ununterbrochen dem wunderbarsten Schauspiele zugesehen, und erheben uns tiefaufseufzend. Wir treten aus der engen Bretterthüre ins Freie, sehen die grünen, von der bleichen Tyroler Sonne beschienenen Berge wieder, und kommen uns vor, wie die Schläfer von Ephesus, die aus einem uralten Culturzustande, worin sie Jahrhunderte geschlafen haben, plötzlich erwacht sind.

Das Volk strömte aus dem Hause den Hügel hinab, zu dem Bräu, noch ergriffen von dem Eindruck des eben Gesehenen. Nach moralischen Erschütterungen pflegt der Hunger groß zu sein. Es ist eine bekannte Erfahrung, daß man nie besseren Appetit hat, als wenn man aus der Kirche oder von einer Beerdigung kommt. Diese Menschen stürzten hungrig ins Wirtshaus, und ich mischte mich unter sie. Aber das Haus war zu klein, um die Menge aufzunehmen; die vielen Bedürfnisse konnten nicht auf einmal gestillt werden. Ich stand davon ab, mich hindurchzubringen, und warf nur einen Blick in die Küche, wo auf dem mächtigen flammenden Heerde riesige Kessel brodelten, in denen ganze Hammel schmoren mochten. Es schien die Hochzeitsküche aus dem Donquixote, und eine wahre Cuccagna. Nun setzten sich schmausende Gruppen auf der grünen Matte nieder und boten das freundliche Bild friedlicher und glücklicher Menschen, welche den Sonntag in ihren stillen Bergen feierten, Freunde, Familien, Nachbarn in Kreisen zusammenhaltend.

Ein gedrungener und stämmiger Bauer stand in Hembärmeln neben mir, aus seiner kurzen Pfeife rauchend; ich merkte an der theatralischen Bekleidung seiner Beine, daß er auf der Scene mitgewirkt hatte, fragte ihn darum und erhielt zur Antwort, daß er der König Herodes sei. Der erlauchte Vierfürst gab mir willig Auskunft über meine Fragen. Er sagte mir, daß dies Passionsspiel seit dem Jahre 1800 in Thiersee gegeben werde, daß aber auch an anderen Orten in Tyrol ähnliche Spiele, wenn auch mit minderem Aufwande, gefeiert würden; denn die Tyroler seien ein Volk, welches große Neigung für das theatralische Vergnügen besitze. Auf meine Frage, woher sie die prachtvollen, zum Teil kostbaren Gewänder hätten, welche nach der Garderobe einer Kirche aussähen, erklärte er, daß die Passionsgesellschaft allerdings einen großen Teil ihrer Garderobe aus einem benachbarten Kloster gekauft habe; dies sei im Jahre 1800 geschehen, als jene Abtei einging. Er bemerkte ferner, daß keiner der Spieler für seine große Mühe etwas anderes, als Beifall und Ehre zum Lohn erhalte; nur gebe man ihnen an den Spieltagen einen guten Schmaus. Die Einnahme fließe in die Kirchenkasse und werde zu frommen Zwecken, namentlich zur Ausschmückung der Kirche, verwendet. Sie sei nicht unbeträchtlich und lasse sich auf einige tausend Gulden für das Spieljahr berechnen. Ueber das Alter des Passionsstücks selbst wußte er nichts Bestimmtes zu sagen. Wir werden indeß kaum irren, wenn wir behaupten, daß die Ueberarbeitung des Ganzen, welchem uralte Traditionen zu Grunde liegen, dem 16. Jahrhundert angehört, wenn auch im Lauf der Zeit manches eingeschoben und verändert worden sein mag, und dies betrifft sicherlich alles dasjenige, was darin opernartig ist. Die Spiele in Tyrol reichen, wie ich nachher erfuhr, nicht über die zweite Hälfte des 15. Jahrhunderts hinauf, während das Spiel in Oberammergau erst aus dem Jahre 1633 herstammt.

Böllerschüsse kündigten um 2 Uhr die Fortsetzung und den Schluß des Mysteriums an. Obwol ich durch

die fünfstündige Dauer des erſten Teils bereits ſtark er-
müdet war, hielt ich dennoch auch die übrigen drei Stunden
ſtandhaft aus, um ein Ganzes mit mir zu nehmen, und
ich bekenne, daß ich kaum je einem Drama mit gleicher
Spannung und gleich ununterbrochener Aufmerkſamkeit
auf jedes Wort und jede Bewegung gefolgt bin. Ich
werde meinen Leſern nicht Scene für Scene dieſer zweiten
Abteilung darſtellen, weil dies zu lang ſein dürfte. Auch
hatte der zweite Teil keineswegs die altertümliche Geſtalt
des erſten; er iſt vielmehr eine moderne Zuthat unter
augenſcheinlichem Einfluß der Oper und des Ballets. An
die Stelle der Plattverſe iſt die gebildete Proſa getreten,
ein glatter, fließender Dialog und eine gekünſtelte Rede-
weiſe. Es folgte eine Reihe von Bildern, worunter einige
ſehr gut, und der italieniſchen Malerei nachgeahmt waren,
die Auferſtehung (ein dramatiſches Effectſtück, welches ganz
und gar an die berühmte Tapete im Vatican erinnerte),
und die Transfiguration. Mit dem größten Beifalle wurde
die Scene in der Hölle aufgenommen, wo Lucifer mit
unzerreißbaren Ketten an einen Block angeſchmiedet iſt,
und die von ihm zur Hülfe gerufenen Teufel ſich vergebens abmühen, den Fürſten der Unterwelt loszumachen.
Sie thun dies mit Geſang und Tanz — ein burlesker
Rüpeltanz, noch von den alten geiſtlichen Myſterien her-
ſtammend, aber völlig opernhaft in Scene geſetzt. Das
zu oftmalige Auftreten des Heilands nach ſeiner Auferſtehung, wo er bald den Frauen, bald den Jüngern er-
ſcheint, und hin- und hergeht in einem flitterhaften Coſtüm,
die Fahne in der Hand, raubt ſeiner Figur alle Majeſtät.
Dieſer Chriſtus bewegte ſich komödiantenhaft auf der

Bühne. Der Spieler selbst hatte schon das Bewußtsein
seiner Rolle verloren und dafür das Selbstbewußtsein
seines Spieles eingetauscht. Bei seinen theatralischen
Abgängen warf er jedesmal solche Blicke auf die Zu=
schauer, die davon Zeugniß gaben.

Das lange Spiel endigte glücklich mit der Himmel=
fahrt. Das Publicum erhob sich voll Befriedigung. Es
verdient bemerkt zu werden, daß weder am Schluß, noch
irgend während der ganzen Vorstellung ein Zeichen des
Beifalls durch Klatschen oder Rufen kundgegeben wurde.
Auch hierin war demnach den wackern Schauspielern,
wahrhaften Martyrern in diesem martervollen Mysterium,
die größeste Selbstverleugnung auferlegt. Sie konnten
weder aus wolverdientem Beifall, welcher den Profan=
schauspieler bei seinem Spiele zu unterstützen pflegt, Er=
munterung ziehen, noch endlich am Schlusse sich durch
das Urteil belohnen, daß sie überhaupt ihre Sache gut
gemacht hatten. Nie hat eine Schauspielertruppe irgendwo
in der Welt so wenig Ansprüche erhoben und nirgend
ein so zurückhaltendes und doch so aufmerksames und
sicherlich auch innerlich bewegtes Publicum vor sich gehabt,
als jene in Thiersee.

Ich verließ den Ort in Gesellschaft von andern Heim=
wandernden, mit der Befriedigung, eine höchst seltene
culturhistorische Merkwürdigkeit erlebt und einen voll=
kommenen Genuß gehabt zu haben. Einige jener Er=
scheinungen, wie mancher altertümliche Gesang, haben sich
mir dauernd eingeprägt und tönen noch in mir wieder.
Das Bedeutendste ist, daß ich erfuhr, wie der ganze christ=
liche Religionsproceß als Einheit dem Volk zur sinnlichen

Darstellung gebracht werden kann, ohne sich dem Verständnisse zu entziehen. Nur die Einfalt des Bauernvolks kann den Ton einer schlichten epischen Weise für das Passionsspiel finden. Daß Bauern dies große tragische Drama einen ganzen Tag lang darstellen können, ohne ins Lächerliche zu fallen, ist sicherlich ein glänzender Beweis für den unzerstörlichen, reinmenschlichen Gehalt des Christentums.

In diesem Passionsspiele greifen übrigens die Künste so ineinander, wie sie nur immer das modernste Culturbewußtsein, etwa das Goethes in den bekannten Stellen seines Wilhelm Meister, zusammenwirkend sich gedacht haben kann. Der gebildete Zuschauer durchläuft mit dem Gedanken eine ganze Reihe von Entwicklungen der Kunst, des Dramas, der Musik und Malerei, während er überall ihm schon Bekanntes, in andern, entlegenen Sphären als Mosaik, Bild oder Gedicht Angeschautes, wiederfindet.

Nur als Mythe fällt die Religion in das Reich der Kunst. Ganz wie wir heute die Entstehung des Christentums als ein Theaterdrama bewundern, so sind schon vor Jahrtausenden syrische und ägyptische Tempelmysterien, und die eleusinischen Geheimnisse vor Zuschauern dramatisch aufgeführt worden. Das Leiden und der Tod eines Gottes, des Frühlings oder der Sonne, und seine Auferstehung hat den wesentlichen Inhalt uralter heidnischer Mythenspiele gebildet, und die Marienklage kann immerhin an die Klage der Astarte und Isis um Adonis-Osiris erinnern. Die verborgensten Wurzeln des christlichen Passionsspiels reichen vielleicht bis in die heidnischen

Culte Asiens hinauf. Die Religion der Menschheit stellt sich in tausend geschichtlichen Formen dar, aber ihr Grundgedanke ist einheitlich, auf dem ewig gleichen Menschenschicksal und dem ewigen Gegensatz zwischen Leben und Tod, zwischen Sündenschuld und ihrer Erlösung, zwischen dem Endlichen und Unendlichen gegründet.

Die großen Monarchien oder die Weltreiche in der Geschichte.

Festrede,

gehalten in der Akademie der Wissenschaften zu München 15. November 1890.

I.

Die älteste Idee, welche sich die Menschen vom Ursprunge des Staates gebildet haben, ist die theokratische des Orients: daß er nicht ein irdisches Menschenwerk, sondern eine Einrichtung der Gottheit sei; diese selbst habe das Königtum als Weltregierung eingesetzt.

Die großen Despoten des Orients wurden von ihren sklavischen Völkern als Götter verehrt. Dem solaren Cultus gemäß, welcher die älteste Religion der geschichtlichen Menschheit ist, leiteten sie ihre Herrschergewalt von dem Lichtquell alles Lebens, von der Sonne ab.

In Hieroglyphen-Inschriften heißt Ramses Herr der Erde; der Sonnengott Ra hat ihm alle Völker untertänig gemacht. Tutmes III. nennt sich König Sonne, Bezwinger der Erde und Stütze der Welt. Auf ägyptischen Bildwerken ist bisweilen ein Pharao zu sehen, der sich selbst als Gott gegenüber steht, sich selber in naiver Weise Opfer darbringt.

Der gleichen Auffassung von der Göttlichkeit des Königtums begegnen wir in Persien. In einer Keilschrift verkündet der König Darius: Ormuzd, als er diese Erde sah, da hat er sie mir übertragen; mich hat er zum Könige gemacht. Durch die Gnade des Sonnengottes habe ich die Erde zurecht gerichtet.

Noch viele Jahrhunderte später nannte sich der König Sapor in einem Briefe an den Kaiser Constantius: König der Könige, Genoß der Gestirne, Bruder der Sonne und des Mondes. Diese theokratische Vorstellung, daß die Majestät des Herrschers ein Abglanz des Himmels sei, hat sich durch alle Jahrhunderte im Orient fortgesetzt. Sie erscheint selbst im christlichen Byzanz wieder, dessen Kaiser sich „König Sonne" nennen ließ; und noch heute nennt sich der Kaiser von China Sohn des Himmels, und der von Japan Sohn der Sonne.

In jenen überschwänglichen Prädicaten des ältesten asiatischen Königtums wird zunächst ein Begriff auffallen, welcher bedeutsam ist. Es ist die Anschauung des Weltganzen. Lange Völkerverbindungen, Beobachtungen des Weltgebäudes und kosmogonische Systeme mußten vorausgegangen sein, ehe die Worte Welt und Erde auf einem Obelisken, dem Sonnenstral von Stein, ihre Bezeichnung fanden. Auch die kühne Hyperbel ist bemerkenswert, mit welcher ein einzelnes Königreich zum Erdkreise ausgedehnt wird. Dieser orientalische orbis terrarum ist freilich für Zeitalter erklärlich, in denen die Kenntniß der Erdräume eine sehr beschränkte war.

Wir selbst sind gewohnt, von Weltmonarchien zu reden, obgleich wir sehr wol wissen, daß die so hyperbolisch bezeichneten Reiche nicht die Erde umfaßt haben. Sie haben indeß die geschichtliche Welt in ihrer Zeit bedeutet, weniger durch ihre geographische Ausdehnung, als weil die in ihnen zusammengefaßte Völkereinheit den höchsten Grad der Gesittung darstellt, zu dem in ihrer Epoche die Menschheit gelangt war.

Hegel hat sich so ausgedrückt: daß der Reihe nach Völker in der Geschichte auftreten, welche Träger der Weltanschauung sind.

Von dem vorherrschenden Volke, aus dem der Eroberer, der Stifter der großen Monarchie hervorgegangen ist, empfängt diese ihren politischen Namen. Sie begreift verschiedenartige Länder in sich, welche ehemals selbständige Reiche gebildet hatten, und deren Herrscher umgebracht oder zu dienstbaren Vasallen des Völkerbezwingers geworden sind. Der König der Könige tront in der prachtvollen unermeßlichen Stadt, die das Centrum des neuen Culturreichs und deshalb die Weltstadt ist. Die Chronisten des Mittelalters haben daher nicht unrecht, wenn sie auch die Wissenschaften als das Besitztum der jedesmaligen Weltmonarchie ansehen und von ihrem Weiterwandern aus einem großen Reiche in das andere reden.

Lange Zeit hindurch hat man die Weltgeschichte nach den vier Monarchien in der großartigen Phantasie Daniels eingeteilt. Dieses von uns aufgegebene Princip der Weltalter enthält immerhin die richtige Anschauung von der Einheit des geschichtlichen Lebens, welches im Wandel mächtiger Reiche von Osten nach Westen fortgeschritten ist.

Die moralische Welt hat ihre Revolutionen, wie die physische; aber ihre Umwälzungen können geschichtlich nicht zu so großen Epochen des Stillstandes gelangen, wie jene der Natur. Sie sind, weil von geistigen Kräften hervorgebracht, in der Zeit beschleunigt und endlos. Die Gesellschaftstriebe, nach Einheitspunkten strebend, setzen Völker=

gebilde zusammen. Große Reiche entstehen, dauern ihre Zeit und stürzen dann mit Kriegsgetöse ein. Aus ihren Trümmern, die wie Moränenschutt Länder bedecken, ragen dann noch vereinzelte riesige Denkmäler der Baukunst, die erratischen Blöcke der Geschichte, in die Nachwelt herein. Allein neue Reiche bilden sich. Alles geschichtlich Vergangene aber dauert im Bewußtsein des Erdgeistes fort. Von einem erhöhten Standpunkt betrachtet, stellt sich der historische Kosmos als ein zusammenhängendes einheitliches Relief dar. Die großen Monarchien sind in diesem wie hohe Gebirgszüge aufgereiht, die fernsten noch vom mythischen Dämmer der Urzeit verhüllt, andere immer lichter hervortretend. So bilden sie die continentalen Massen im Panorama der geschichtlichen Welt.

Ihre Reihe beginnt im Orient. Dieser ist für uns Europäer Asien. Wir fügen ihm aber das Nilgebiet an, weil Aegypten mit Asien auch ethnographisch zusammenhängt. Ueber die Landenge von Suez sind die alten Aegypter in das Nilland eingewandert. Die altägyptische Sprache zeigt nach Brugsch eine dem Indogermanischen verwandte Grammatik.

Dagegen schließen wir die Völker Ostasiens von unserm Geschichtssystem des Altertums aus. Wir wissen nichts mit ihnen anzufangen. Indien und China haben immer eine Welt für sich gebildet und ihre ältesten Zustände kennen wir nicht. Die indischen Steininschriften reichen nur bis zum 4. oder 5. Jahrhundert hinauf. China ist nicht in den geschichtlichen Völkerzusammenhang eingetreten. Kein erobernder Heerfürst ist, soweit unsre Kunde reicht, aus der Heimat des Buddha und des Confucius in die

Tiefländer des caspischen Meeres, des Tigris und Euphrat und des Nils vorgedrungen. Kein Großkönig Asiens hat seine Monarchie bis zum Ganges oder zu den Strömen Chinas ausgedehnt. Wie Darius hatte auch Alexander von Macedonien nur den Indusstrom erreicht.

Drei Völkergruppen wurden auf dem Schauplatz des Orients mächtig: die ägyptische, die semitische, die arische. Sie strebten zu Weltmächten auf. Ihr Ringen mit einander, ihr Steigen und Fallen bildet den Prozeß der ältesten Geschichte der Erde. Als Pole dieser Völkerbewegung erscheinen Aegypten und Babylon. Von dort stammt die früheste Cultur.

Aegypten, das erste aller Reiche, überdauerte mit 26 Dynastien die Revolutionen Asiens. Kein anderes Land des alten Orients ist uns heute bekannter. In staunenswerten Resten dauern die Denkmäler seiner hohen Bildung fort. Echte Statuen von Herrschern des memphitischen Reiches stehen in Kunstmuseen. Die fabelhaftesten Pharaonen sind aus ihren tausendjährigen Grüften leibhaftig erstanden, und bieten sich heute im Palast zu Gize als Mumien den profanen Blicken neugieriger Reisender dar. Durch die Entzifferung der Hieroglyphen ist die Aegyptologie zu einer sicheren historischen Wissenschaft geworden.

Dagegen hat die Kunde der Keilschriften erst seit der Entdeckung Ninives durch Botta (1846) Fortschritte gemacht. Beschriebene Backsteintafeln und Cylinder haben Licht auf ein paar Jahrtausende Asiens zurückgeworfen und Geschichtswerke möglich gemacht, wie die von Rawlinson, Oppert, Maspero, Duncker u. A.; allein das

Material genügt noch nicht, um die Reiche der Chaldäer, Assyrer und Meder besser als in schwankenden Umrissen darzustellen.

An die Stelle der Colosse Assyrien und Babylon setzte sich das Perserreich, die mächtigste der alten despotischen Völkereinheiten des Orients. Herodot hat in der Heerschau am Hellespont, und Aeschylus in den „Persern" das Völkergewühl jener Monarchie geschildert. Nun aber stellt sich uns dies urkundlich in der großen Darius=Inschrift von Behistân dar. Der König zählt darin 23 von ihm beherrschte Länder auf. Da Kleinasien, Phönicien und Palästina, endlich auch Aegypten dem Perserreich einverleibt waren, so umfaßte dieses den ganzen geschichtlichen Orient. Die Summe tausendjähriger Cultur des Morgenlandes war in ihm versammelt. In göttergleicher Majestät tronte der König Asiens in Susa und Persepolis.

Während im Orient große Völkerkreise aufstiegen und fielen, blieb Europa noch geschichtslos, bis am östlichen Saume des Mittelmeers, des Weltmeeres im Altertum, die hellenischen Stämme sich bildeten. An der Bürgerkraft des kleinen Griechenlands aber sollte die gewaltige Monarchie des Cyrus untergehen. Der Kampf der Hellenen mit Persien, der erste Zusammenstoß Asiens mit Europa, gab dem Leben der Menschheit die historische Gestalt. Asien unterlag; das Genie der Hellenen setzte diesen Welt=teil von seinem Range ab. Nachdem bisher der Orient die Welt dargestellt hatte, ging deren Führung auf das Abendland über. Das geschah jedoch nicht eher, als nachdem Asien eine Schöpfung von unermeßlicher Wichtigkeit hervorgebracht hatte. Sie war die That des semi=

Die großen Monarchien in der Geschichte. 231

tischen Judenvolks, des Volkes der höchsten tragischen Erhabenheit.

Der Geist und das Wesen jener alten orientalischen Reiche werden uns stets rätselhaft und innerlich fremd bleiben. Sie reizen die wissenschaftliche Forschung, aber kein ewiger Gedanke setzt sich aus ihnen in unser Bewußtsein fort. Erst mit Israel beginnt die Reihe der Völker, welche man kosmische nennen darf, weil sie unverlierbare Bestandteile des Geistes der Erde sind. Man kann sie nicht aus der Geschichte hinwegdenken, ohne das ganze moralische Weltgebäude aufzuheben. Drei Völker des Altertums stützen dieses als Grundpfeiler: Israel, Hellas und Rom.

Das machtlose Volk der Hebräer hat kein großes Reich erschaffen. Das Königtum der Juden war, im Widerspruch zum Priestertum und zum religiösen Geiste der Nation, als Notbehelf, ja als Strafe Gottes eingesetzt worden, und kein jüdischer Herrscher hat sich in pralerischen Inschriften Regierer der Welt und Sonnenkönig genannt. Die Verhältnisse Palästinas, eines kleinen Landes ohne Meereshäfen, welches von mächtigen Nachbarreichen umringt war, hinderten die Hebräer, zu Eroberern zu werden, und die asiatische Idee des Weltreichs in sich aufzunehmen. An dessen Stelle haben sie die Idee der Weltreligion gesetzt, den großen synthetischen Weltgedanken, welcher Monotheismus heißt.

Der Monotheismus liegt allen ursprünglichen Religionen zu Grunde, da die Vergötterung des Weltalls, wie Röth nachgewiesen hat, die primitive religiöse Anschauung der Völker ist. In Aegypten hatten Könige der achtzehnten Dynastie den fruchtlosen Versuch gemacht, den solaren Monotheismus des Ra Harmachis als Landesreligion einzuführen. Nur die Hebräer vermochten, die Vielgötterei abzuwerfen.

Das Judenvolk gelangte zur Erkenntniß der natürlichen und sittlichen Einheit der Welt. Es stellte den höchsten metaphysischen Begriff von der Genesis des Menschen auf. Nach seinem Ebenbilde schafft ihn Jehovah. Vom Menschenvater Adam stammen alle Völker der Erde ab. Die ganze geschaffene Welt ist Eins. Als Kennzeichen der hebräischen Naturpoesie hat Humboldt hervorgehoben, daß sie als Reflex des Monotheismus stets das Ganze des Weltalls in seiner Einheit umfaßt.

Der Psalmist preist Jehovah als Weltregierer, dessen Herrlichkeit alle Völker schauen werden. Jesaias preist ihn als den Erlöser, den Gott der ganzen Erde. Dieser erhabenste aller Idealisten verkündet den ewigen Frieden, ein kommendes goldenes Zeitalter, wo die Völker ihre Schwerter zu Sicheln und Pflugscharen umschmieden und keine Kriege mehr geführt werden.

So wird bei den Propheten der nationale Schlachtengott Israels zum Friedensgott der Welt. Freilich bleibt für sie Israel immer das auserwählte Volk und Jerusalem der Grundstein des Gottesreichs. Jeremias weissagt, daß alle Heiden und Könige ihre Götzen verlassen und auf Zion den einen Gott anbeten werden.

Die umfassende theistische Weltansicht der Hebräer erscheint um so wunderbarer, als sie ihrer eigenen Volksart widerspricht; denn Israel ist das national abgeschlossenste aller Stammvölker gewesen. Kein anderes hat ein so entschiedenes Vorrecht göttlicher Auswahl beansprucht. Jehovah selbst hat die Juden von den Heiden abgesondert und in ein feindliches Verhältniß zur Welt gesetzt. Trotzdem beanspruchte das Judenvolk die moralische Führung der Menschheit.

Es hat diesen Traum seines Prophetentums in anderer Weise, doch nicht während seines geschichtlichen Daseins ausgeführt. Nationale Selbstvergötterung, Fremdenhaß, fanatische Unduldsamkeit konnten die Schutzwehren des Monotheismus sein, aber sie waren ebenso viele Schranken zwischen den Juden und der Welt, welche ihnen die Verachtung reichlich zurückgab. Der einzige Ueberrest des Tempels in Jerusalem ist heute eine Tafel mit griechischer Inschrift, die den Nicht=Juden das Betreten des National=heiligtums Israels bei Todesstrafe untersagt.

Der jüdische Staat war ein asiatischer Priesterstaat, die Religion das Staatsgesetz, der Sohn Gottes sein Knecht. Kein bürgerlicher Sinn strebte in dem Judentum empor. In dieser versteinerten Theokratie konnte der Menschengeist nicht zu freier Entfaltung kommen; er blieb in einem einzigen Verhältniß, dem religiösen, festgebannt. Die Hebräer haben heilige Schriften von übermenschlicher Feierlichkeit hervorgebracht, die Hohen Lieder der Religion für alle Zeit, aber nicht ideale Künste noch exacte Wissenschaften, nicht Handel noch Industrie. Erst als die hebräische Nation vergangen war, hat sich das Judentum im Christentum vollendet und als herrschende Weltmacht verewigt. Das Christentum ist seine Verklärung, und kein anderes Volk der Erde hat eine so glänzende Apotheose gehabt.

Der hellenische Geist trat in das Völkerleben ein, ein neuer Lichtstral, nicht mit so schrecklicher Erhabenheit aus den Tiefen des Himmels hervorbrechend, sondern milder, schöner und menschlicher. Hellas erschuf eine universale Cultur, welche die Grundlage der Weltbildung geworden ist. Der Geist der Griechen ist der Golfstrom, welcher Lebenswärme verbreitend die Menschheit durchzieht, und noch nach Jahrtausenden wirksam sein wird. Die wissenschaftliche Denkweise der Hellenen überwand die mythische und religiöse Formel und befreite das Griechenvolk vom Priestertum, das alle orientalische Völker beherrschte. Zum Princip des Lebens wurde nicht mehr der Glaube, sondern die Erkenntniß, welche, nicht Götter noch Menschen scheuend, mit kühnem Forschermut den Isis-Schleier der Natur zu heben sucht.

Der hebräische Begriff vom Menschen war, daß er ein religiöses Wesen sei, der griechische, daß er ein politisches Wesen sei. Oncken hat in seiner „Staatslehre des Aristoteles" bemerkt, daß dieser Satz des großen Philosophen auch in umgekehrter Fassung griechisch sei: nur der Staatsbürger ist ein Mensch. Diese Vorstellung ist zugleich die enge Schranke des Hellenentums.

Das Kunstwerk des bürgerlichen Staats war die Erfindung der Griechen, aber selbst in seiner freiesten demokratischen Form blieb dieser Staat eine noch unvollkommene Schöpfung. Trotz unseres Enthusiasmus für die Ideale Griechenlands und trotz unserer Bewunderung der Größe antiker Charaktere, würde doch Niemand von uns Bürger eines hellenischen Staates sein wollen, selbst nicht neben Perikles, Sophokles und Plato.

Der griechische Staat kannte in Wahrheit nur die bürgerliche, nicht die menschliche Persönlichkeit. Alles, was wir heute Humanität nennen, das Völkerrecht und Menschenrecht, war dem classischen Altertum unbekannt. Der berühmte Altar des Mitleids in Athen ('Ελέου βωμός) hat sich nicht auf den leidenden Menschen überhaupt bezogen. Der finstere Schatten der antiken Welt ist die Sklaverei. Kein Denker Griechenlands hat sich gegen diese im Namen der Menschenwürde zu erheben vermocht. Dies ist begreiflich, weil die Sklaverei das volkswirtschaftliche Institut war, in welchem die antike Staatsgesellschaft die Arbeit organisirt hatte. Deshalb hat das Altertum auch nicht das sociale Problem in unserem Sinne gekannt, welches erst mit dem Augenblicke beginnt, wo die Arbeit als die freie That des Menschen erkannt und geadelt wird.

Die Triebe der großen Monarchien lebten nicht in dem demokratischen Geiste der Griechen, denen alle Tyrannei und Despotie verhaßt war. Hellas blieb das Land des Municipalwesens und der Kleinstaaterei.

In der griechischen Volksnatur zeigten sich übrigens dieselben Widersprüche wie bei den Hebräern: national beschränktes, kleinliches Vorurteil und höchster idealer Weltbezug. Die Hellenen verachteten alle Nicht=Griechen oder Barbaren als von Natur untergeordnet und zum Dienen bestimmt. Ganz so haben die civilisirten Nationen bis auf Wilberforce die Neger=Race angesehen. Allein wie die Juden ihre Beziehungen zur Menschheit durch die Religion fanden, so fanden sie die Hellenen durch die Wissenschaft. Was für die Hebräer die Propheten, das waren für die Griechen die Philosophen.

Vaterland und Welt, Nationalstaat und Menschheit wurden die Gegensätze, welche der philosophische Geist der Griechen erzeugt hat. Handel, Colonisation, Kriege, Söldnerwesen und das Exil brachten die Griechen mit den Mittelmeerländern in lebhafte Verbindung, und sie schwächten am Ende ihren municipalen Particularismus und ihre Vaterlandsliebe ab.

Wenn für den gewöhnlichen hellenischen Bürger seine Stadt (Polis) das ausschließliche Vaterland, die Welt im Kleinen blieb, so stand dieser für den Weisen der Kosmos, die Welt im Großen, gegenüber. Das zusammengesetzte Wort Kosmopolitismus ist ein griechischer Begriff.

Die politische Idee des Weltreichs ist ägyptisch, die moralische Idee der Weltreligion jüdisch, die philosophische des Weltbürgertums hellenisch.

Man schreibt Sokrates die Lehre von der Zusammengehörigkeit aller Menschen zu. Als ihn einst Jemand fragte, woher er sei, soll er geantwortet haben: ich bin ein Kosmopolit. Die Stoiker und die Cyniker nannten den Kosmos das Vaterland jedes Tugendhaften. Der Thebaner Krates schrieb folgende Verse nieder: „Meine Wohnung ist kein Einzeldach und Turm, sondern die ganze Erde ist mir Haus und Stadt."

Zeno verlangte, daß alle Menschen, weil durch die Vernunft mit einander verwandt, unter gleichen Gesetzen leben sollten.

Die Griechen zerstörten die große Monarchie der Perser, aber sie selbst erhoben sich zum Begriff des Weltstaates, dem kühnen Traum einer philosophischen Weltrepublik, wie ihn Plutarch genannt hat.

Griechenland hatte seine staatliche Einheit vergebens durch Amphiktionien und die mörderischen Kriege um die Hegemonie zu erlangen gesucht, doch seine nationale Zusammengehörigkeit in der panhellenischen Bildung gefunden. Erst als Philipp von Macedonien das zersplitterte Staatsleben der Hellenen zerstörte, konnte man in ihm den Gründer ihrer Einheit begrüßen, und die That seines großen Sohnes war die Wiedergeburt Griechenlands in dem über die Welt sich verbreitenden Hellenismus, wodurch erst der hellenische Geist die universale Herrschaft erlangte.

Alexander der Große nahm aus dem eroberten Asien plötzlich die orientalische Weltmonarchie als geschichtliche Thatsache auf. In der dem Plutarch zugeschriebenen Abhandlung vom Glücke Alexanders wird dieser Heros der Cultur als der größeste Philosoph gepriesen, da er durch Asien den Samen der griechischen Bildung ausgestreut und als seinen göttlichen Beruf erkannt habe, der Schiedsrichter aller Nationen zu sein, und diese in einer Gesammtheit zu vereinigen. Alle Völker sollten fortan als ihr Vaterland die Welt betrachten. Den Traum Zenos vom Weltstaate habe Alexander praktisch durchgeführt.

In Wahrheit hat dieser genialste aller Herrschergeister den Satz, daß der Mensch ein politisches Wesen sei, zu dem anderen erweitert: daß er auch ein kosmopolitisches Wesen sei. Der stolze macedonische Adel widerstrebte seiner Absicht, die Scheidewand zwischen Griechen und Barbaren aufzuheben, und selbst Aristoteles, welcher seinem königlichen Schüler bewies, daß die Griechen dazu be=

stimmt seien, über alle Völker zu gebieten, und ihn deshalb zur Eroberung Asiens antrieb, hielt das Dogma fest, daß Hellenen und Barbaren zwei unversöhnliche Menschengattungen seien. Er wollte daher die Perser nur als irrationelle Geschöpfe behandelt wissen, was später Eratosthenes als engherzig getadelt hat, da auch unter den Griechen viele schlecht, unter den Indern, Karthagern und Römern viele tugendhaft seien.

Alexander dachte menschlicher als sein Lehrer. Er übersah in jugendlicher Schwärmerei die unausfüllbare Kluft, welche Race, Bildung, Natur und Geschichte zwischen Hellas und Asien gezogen hatten. Er vermälte festlich zu Susa 10000 macedonische Krieger mit ebensoviel Perserinnen, und seine eigene Verbindung mit einer Fürstentochter Asiens bedeutete die Vermälung der feindlichen Weltteile. Aetion malte die Hochzeit Alexanders mit Roxane, und noch im Zeitalter des italienischen Humanismus hat sie Sodoma als weltgeschichtlichen Act höchster Humanität in einem herrlichen Gemälde dargestellt.

Der Einheitpunkt des neuen Weltreichs war die heroische Persönlichkeit Alexanders selbst, welchen die Orientalen zum Gott erklärten. Aber die macedonische Monarchie zerfiel mit dem Tode ihres großen Stifters; nur die griechische Bildung durchströmte den westlichen Orient von Bactrien bis zum Nil. Droysen hat deshalb den Hellenismus die erste Welteinheit genannt.

Das Griechische wurde die erste Weltsprache. Alexandria entstand als erste Weltstadt der alten Völker, das allgemeine Emporium des Handelsverkehrs und der geistigen Ideen der Menschheit. Ein halbes Jahrtausend lang

blieb diese Stadt mit ihrer großen Bibliothek und ihrer
Akademie der Mittelpunkt der Wissenschaft. Selbst der
jüdische Theismus schloß dort einen Bund mit Plato und
Zeno. Philo von Alexandria nannte Adam den ersten
Kosmopoliten; er verglich die Welt mit einer großen
Stadt, die von denselben Gesetzen regiert sei. Aus Alexan-
dria ging der Kosmograph Ptolemäus hervor, dessen
astronomisches System bis auf Copernicus geherrscht hat.

In Städten des Altertums hatten abwechselnd die
politische Macht, die religiöse Idee, die Wissenschaft, der
Welthandel ihren Sitz gehabt. Memphis und Theben,
Jerusalem und Babylon, Sidon und Tyrus, Athen und
Alexandria waren die Stationen des fortschreitenden
Culturgedankens. Nach dem Abblühen des Hellenentums
fiel sodann der Schwerpunkt der Geschichte, d. h. das
Bewußtsein der Menschheit, tiefer ins Abendland, und
hier liegt er noch heute.

Rom überkam die macedonische Erbschaft; es nahm
auch das asiatische Weltreich und endlich die Weltreligion
in sich auf.

Kein Schauspiel ist größer, als die Entfaltung der
römischen Weltherrschaft aus der Urbs quadrata. Der
Beginn ist auch hier die Stadt. Wie die griechische
Polis und der Kosmos, so stehen sich die römische Urbs
und der Orbis gegenüber. Rom aber löste das ungeheure
Problem, die Stadt auf die Welt auszudehnen, das städtische
Bürgertum zum Weltbürgertum zu machen. Es civilisirte
Kelten und Germanen des Westens, es nahm die arischen,
semitischen und ägyptischen Staatenbildungen in sich auf
und vereinigte alle Schöpfungen der antiken Menschheit

zu einem Culturreich. Seinesgleichen hat die Erde nicht gesehen.

Eine zweite Weltsprache hat Rom der griechischen hinzugefügt.

Das orientalische Großkönigtum schuf Rom zur Kaiseridee um, und diese übt ihren Zauber auf das politische Vorstellen der Menschen noch heute aus.

Von Augustus datirte Eusebius die vierte Monarchie.

Die römischen Kaiser wurden göttlich verehrt, obwol sie ihre Herrschergewalt nicht vom Himmel ableiteten, sondern von der Majestät des römischen Senats und Volks. Das römische Volk war die einzige Quelle aller Staatsgewalt, das bürgerliche Gesetz, das einzige Princip des Römerstaats, in welchem die Religion und ihr Priestertum dem Staatsbegriffe untergeordnet blieben. Schmeichelnde Dichter konnten die Dynastie der Julier von der Göttin Venus ableiten, aber kein römischer Herrscher hat, so groß auch sein Cäsarwahnsinn sein mochte, für sein Imperium einen andern Ursprung beansprucht, als die irdische Gewalt des Senats und Volks. Die Vergötterung der Cäsaren entstand daher keineswegs in Rom und dem Abendlande, sondern sie war ein Ausfluß des Knechtssinnes Asiens und des gleich tief herabgesunkenen Griechenlands. Nur die Hebräer hatten noch so viel religiöses Gewissen, daß sie jener cäsarischen Idololatrie einen heroischen unbesiegbaren Widerstand entgegensetzten, der sie noch im tragischen Untergange ihres geschichtlichen Nationallebens ewiger Bewunderung wert machte.

Auf den römischen Kaisermünzen stehen die hochtönenden Legenden asiatischer Könige: Regierer des Menschenge=

schlechts, Befreier der Welt, Wiederhersteller des Erdkreises! Die Erde wird abgebildet als knieendes Weib, den Globus in der Hand; der Kaiser richtet dieses Weib mit huldvoller Gebärde auf. Der Globus, in der griechischen Kunst Symbol des Zeus, wurde cäsarisches Symbol. Auf der Antoninussäule stand das Bildniß des Kaisers, den Erdball und das Scepter in den Händen. Der Genius der Stadt Rom erhielt dasselbe kosmische Zeichen. Noch auf der schönsten römischen Senatsmünze des Mittelalters ist die auf einem Löwensessel tronende Roma dargestellt, in der Linken die Palme, in der Rechten den Erdball, welchen ein Stern bestralt. Die Münze trägt die bekannte Legende: Roma Caput Mundi (Regit Frena Orbis Rotundi).

Das römische Weltreich gab der geschichtlichen Erde das erste Bewußtsein gesetzlicher Einheit. Nachdem alle Provinzen das Bürgerrecht erhalten hatten, bedeutete der civis Romanus den freien civilisirten Menschen überhaupt, den Weltbürger.

In den Pausen friedlicher Wolfahrt unter der Dynastie der philosophischen Kaiser schien die Mission des Römerreiches erfüllt: der Welt den Frieden zu geben. Dieser ist der Traum der Weisen aller Zeiten. Jesaias hat ihn gefordert, wie Virgil, wie Dante, wie Kant. Man darf sagen, daß der Weltfriede das nie verwirklichte Ideal der großen Monarchien gewesen ist. Auf den römischen Kaisermünzen stehen die Legenden: dem Friedensstifter der Welt; der Sicherheit des Erdkreises; dem ewigen Frieden. Diese erhabene Vorstellung erbte sich fort auf die deutschen Kaiser seit Karl dem Großen, und sie lebt noch heute im Kaiser unsres erneuerten Deutschen Reichs, welcher den Frieden der Welt bewahrt.

Alles, was die Römer von philosophischen, religiösen und künstlerischen Ideen sich zu eigen gemacht hatten, stammte aus dem von ihnen eroberten Hellas, welches sie selber geistig unterjochten. Auch das Weltbürgertum der griechischen Stoa wurde naturgemäß ein Glaubenssatz Roms in der Zeit seiner ausgedehntesten Herrschaft, wo die römische Nationalität selbst ihre Begrenzung verlor. Denn die weltbürgerlichen Ideen steigen immer, wenn das Nationalbewußtsein sich abschwächt, und sie sinken wieder, wenn sich dieses stärkt.

Schon Cicero betrachtete, durchaus als gelehriger Schüler der Griechen, das Menschengeschlecht als eine Familie. Seneca sagte: „Wie lächerlich sind die Grenzen, welche die Sterblichen scheiden. Ich weiß es, daß mein Vaterland die Welt ist. Alles was du siehest und nicht siehest, was Göttliches und Menschliches umfaßt, ist eine Einheit. Wir sind Glieder eines großen Kosmos."

Aus der Kleinheit der Erde, die mit dem Himmel verglichen nur ein Punkt sei, hat auch Plutarch die Nichtigkeit der menschlichen Schranken nachgewiesen. Marc Aurel, der hellenisch denkende Philosoph auf dem Kaiserthrone, sprach das berühmte Wort aus: „Mein Staat und mein Vaterland ist für mich als Antoninus Rom, aber für mich als Menschen die Welt."

Die Stoa gelangte zur pantheistischen Idee des Universums und der Einheit Gottes. Epictet näherte sich der mosaischen Genesis. „Wir alle", so sagte er, „stammen von Gott, dem Vater der Menschen und Götter; wer die

Verwaltung des Kosmos und den Zusammenhang Gottes und der Menschen betrachtet, sollte der sich nicht selbst Kosmos und Sohn Gottes nennen?"

Der Weltstaat, in welchem nach dem Ausdrucke Marc Aurels die Einzelstaaten sind, was die Häuser in einer Stadt, war die äußerste Forderung der Stoa im Römerreiche.

II.

Das Christentum erschien als Evangelium der höchsten, idealsten Menschlichkeit.

Seine Pflanze entsprang in Asien als frischer Schößling der uralten mosaischen Religion, aber dieselbe bedurfte zu ihrer Entwicklung zweier Bedingungen: der Nahrung von Ideen der griechischen Philosophie und der Versetzung aus der Luft asiatischer Despotie in den Boden des Abendlandes.

Der neue Glaube entwand sich alsbald dem starren Judengesetz, dem einsamen Judentempel, dem Vaterlande und dem Zusammenhange mit dem Staat, indem er mit kühnem Gedankenfluge seinen Bezug auf die ganze Menschheit nahm. Den syrisch=chaldäischen Dialekt von sich weisend, machte das Christentum zu seinem humanen Organ die große Weltsprache der Griechen, in der seit den Zeiten des Hellenismus das philosophische Denken, wie der höchste Bildungsschatz der Menschheit ausgedrückt war.

Das Christentum übertrug den vergeistigten semitischen Gedanken der Weltreligion in das römische Welt=

reich. Nur durch Unterjochung mit Waffengewalt hatte Rom die Völker vereinigt, und die Cäsardespotie war das Grab der Freiheit der Nationen. Dagegen wollte das Christentum diese als eine geistige Familie zum Gottesstaat friedlich vereinigen.

Während die jüdische Idee der Weltreligion am Volke Israel festgebunden blieb und dieses geschichtlich durch die Römer unterging, erklärte sich das Christentum frei vom Schicksal einer einzelnen Nation, frei auch vom Schicksal des Römerreichs. Es hob den moralischen Unterschied zwischen dem Bürger und dem Sklaven, zwischen den privilegirten Nationen und den Barbaren auf.

Constantin wurde der Gründer der christlichen Weltmonarchie. Deshalb hat Eusebius die Herrschaft dieses Kaisers als das Abbild der göttlichen Weltregierung gepriesen.

Die Entstehung der zweiten Weltstadt Konstantinopel leitete indeß die Trennung des Römerreiches in die zwei christlichen Hälften des Ostens und des Westens ein. Vergebens suchte sie Justinian noch einmal zu vereinigen. In Asien erhob sich eine dritte semitische Religion, mit dem Mittelpunkte Mekka, welche gleichfalls Weltreligion zu sein behauptete. Sie verlieh den Völkern, die sich zu ihr bekannten, eine um so furchtbarere Kraft, als sie der vom polytheistischen Heidentum wieder durchdrungenen christlichen Kirche den reinen Monotheismus entgegensetzte. Es bildete sich das Khalifen=Reich, die zweite Völkereinheit des Orients. Eine dritte Weltsprache entstand dort für alle islamitischen Völker, die arabische.

Auf den Trümmern West=Roms richtete sich dagegen das germanisch=römische Reich auf.

Der Eintritt einer neuen kosmischen Race, der germanischen, in die Geschichte, bezeichnete eine neue große Phase im Leben der Menschheit. Als die nordischen Barbaren die classische Welt zerstörten, brach zunächst ein Chaos über den Occident herein, wo Alles von dem lateinischen Einheitspunkte hinwegstrebte. An die Stelle des zerschlagenen Kunstwerkes des Römerstaats traten die barbarischen Einzelstaaten mit dem Lehnssystem des erobernden Adels der Heerkönige.

Den ungeheuern Culturverlust Europas ersetzte langsam die hohe Bildungsfähigkeit der Germanen. Sie brachten in die einförmig und schaal gewordene Welt des Altertums, in welcher durch Mischung mit ihnen aus der lateinischen Race die romanischen Nationen entstanden, frische Lebenstriebe: Ehr- und Pflichtgefühl, Mannesstolz, Heldensinn, Thatendurst, und sie pflanzten ihr ein neues aristokratisches Gesellschaftsprincip ein, das der freien Persönlichkeit. Aus dem trotzigen Heroentum der Germanen entsprang endlich die Quelle aller europäischen, ja fast aller menschlichen Freiheit, wie Montesquieu geurteilt hat.

Sie waren ursprünglich, gleich den Hellenen, ein centrifugales Volk, Feinde der Reichsidee. Aber die Kirche nahm sie in das christliche System auf, und sie allein stellte noch den Einheitspunkt der Menschheit dar. Sie war kosmopolitisch; der Begriff „katholisch" und „ökumenisch" drückte aus, daß sie die Welt umfaßte. Sie bewahrte neben dem Bildungsschatze des Altertums auch die Kaiseridee, das politische Dogma der Völkereinheit. Durch sie verführt, erneuerten die Barbaren das Reich und Karl der Große empfing die Krone Constantins am Altare St. Peters in Rom aus den Händen des Papstes. So stellte die Kirche die römische Kaisergewalt, welche durchaus weltlicher Natur gewesen war, auf die theokratische Grundlage des asiatischen Großkönigtums zurück. Sie faßte dieselbe als ein durch sie vergebenes Lehen der Gottheit auf.

Das große Frankenreich umfaßte jedoch nur Bruchteile des alten Imperiums, das sich in drei Gruppen getrennt hatte: die byzantinische, die lateinisch-germanische, die arabische. Die carolinische Monarchie selbst wurde durch den Absonderungstrieb der Germanen bald zersprengt. In den Provinzen bildeten sich die Nationalstaaten, die Volkscharaktere und die Volkssprachen Europas aus.

Die Schwäche des deutsch-römischen Reichs kennzeichnet die seltsame, ja einzige Thatsache, daß es keine Hauptstadt besaß.

Unsre glorreiche Kaisergeschichte im Mittelalter, wo Deutschland die herrschende Macht Europas gewesen war, gerieth mit unsrer alten Literatur im Volksbewußtsein in Vergessenheit, weil sie stets nach der Fremde, nach Italien und Rom gravitirt hatte, weil das zersplitterte Vaterland für sie das nationale Empfinden verlor, und endlich weil die Erinnerungen der Kaiserzeit nicht in einer deutschen Hauptstadt monumental geworden sind. Unsere Kaiser waren Nomaden in ihrem eigenen Reich. Ihre eingebildete Hauptstadt Rom war der Sitz des Papsttums, und dieser alte geheiligte Mittelpunkt der gebildeten Erde hatte für dessen Größe einen unermeßlichen Wert. Der Papst wurde als geistlicher Cäsar die erhabenste geschichtliche

Gestalt im christlichen Europa. Er verdunkelte das germanische Kaisertum. Denn dieses war nur die schwächere Wiederholung einer alten geschichtlich vergangenen Institution, während das Papsttum eine ganz neue religiöse Machterscheinung war, welche die Menschheit nie zuvor gesehen hatte.

Seit Gregor VII. suchte sich die moralische Monarchie des Papsttums auch politisch in einem Weltreiche darzustellen, Europa in einen Kirchenstaat zu verwandeln, die Fürsten zu ihren Vasallen zu erniedrigen. Die Kirche oder das Papsttum verglich sich selbst mit der Sonne, das Reich aber mit dem Monde, der sein Licht von ihr erborgt. Die bedrängten Kaiser setzten ihr vergebens die cäsarische Monarchie als gleich göttlich und universell entgegen. Der Dualismus der guelfischen und ghibellinischen Weltanschauung zerriß die christliche Republik. Wenn eine Vergleichung beider Gewalten möglich gewesen wäre, so würde sie das Weltideal Dantes verwirklicht haben. Die großartige Utopie des christlichen Dichters vom Einheitsstaat der Menschheit, den ein Gott, ein Kaiser, ein Papst regieren sollte, war im Grunde die constantinische Weltidee des Eusebius, wenn man vom Papste absieht, der im vierten Jahrhundert nur die Stellung eines Bischofs neben andern Bischöfen gehabt hatte.

Der Untergang der Hohenstaufen besiegelte den Triumph der geistlichen Gewalt. Doch auch diese sank vom Gipfel der Welt, durch das avignonische Exil, das Schisma, die Verderbniß der Curie, und die inneren kirchlichen Kämpfe.

Große Erfindungen, neue Handelsstraßen, neue Welten, neue Bildungsprozesse, die Renaissance des classischen

Heidentums im italienischen Humanismus, endlich die evangelische Revolution gestalteten Europa um.

Die deutsche Reformation bildete den Wendepunkt im Leben nicht nur der germanischen Völker. Sie setzte der mittelalterlichen Weltanschauung eine andere, auf der persönlichen Freiheit des Gedankens und Gewissens beruhende entgegen, so daß von ihr ein neues kirchliches und politisches System datirt. Obwol sie wesentlich nur die germanischen Länder, und selbst diese nicht vollständig zu durchdringen vermochte, war doch ihr Gedanke von so weltgeschichtlicher Kraft, daß alle großen geistigen Strömungen in der neueren Cultur auf sie, als ihre Lebensquelle zurückweisen.

Die Reformation Luthers brachte einen beklagenswerten Riß im deutschen Bewußtsein hervor, welchen erst nach schrecklichen Kämpfen die ausgleichende Bildung und die Vaterlandsliebe zu heilen begann. Sie rettete die Eigenart der deutschen Nation, sie befreite diese von der Verrömerung und gab sie ihr selbst zurück. Sie bildete sogar ihre Sprache aus. Erst mit ihr begann die selbstbewußte Geschichte des deutschen Volks. Die Reformation verhielt sich dem germanischen Princip gemäß feindlich zum römischen Weltreich und zur römischen Weltkirche. Sie hob die Katholicität des Papsttums wie des Kaisertums auf, denn dieses hatte dasselbe theokratische Princip wie jenes.

So endete die großartige Idee des Mittelalters, den christlichen Kosmos mit seinen zwei Polen, Kaiser und Papst, als Theokratie zu gestalten. Dies riesige Werk der Geschichte ist als Ideal humaner Verfassung ewiger

Bewunderung wert. Es dauerte als solches, auch in seiner historischen Unvollkommenheit, ein Jahrtausend lang, und es dauert noch in seinen Trümmern fort. Noch die spätesten Geschlechter werden seine die Erde umfassende Genialität anstaunen, und sie werden von ihm ein paar unzerstörliche Ideen entlehnen. Der jenem Universalreich des Papstes und Kaisers zu Grunde liegende Einheits= gedanke der Menschheit ist nicht verloren gegangen, sondern er lebt in dem Bedürfnisse fort, eine völkerrechtliche Ver= fassung zu finden, welche jenes vergangene Weltideal in einer vorgeschrittenen Culturform ersetzt.

Der Trieb der großen Monarchien dauerte indeß in der Völkergeschichte fort. Der Orient, mit welchem Europa in den Kreuzzügen um den Besitz Syriens gerungen hatte, forderte seine Rechte auf die Weltherrschaft zurück. Was nicht den größesten Perserkönigen, einem Darius und Xerxes, gelungen war, Griechenland zu unterjochen und tief in das Abendland einzudringen, das führten die Türken aus. Der osmanische Sultan richtete den Tron Asiens in dem eroberten Konstantinopel auf. Er vereinigte in sich das arabische Khalifat und die byzantinische Kaiseridee. Die furchtbare Macht dieses islamitischen Weltreichs drohte Europa in Knechtschaft zu begraben. Allein es zeigte sich auch hier, daß nur Ideen die Welt beherrschen können. Der osmanische Islam war ideenlos und nur durch reli= giösen Fanatismus und militärische Kraft stark. Er stieß die abendländische Bildung von sich, welche doch zuvor die Araber so vorurteilslos in sich aufgenommen hatten, daß sie sogar die Vermittler der Kenntniß griechischer Philosophie und Naturwissenschaft für das in barbarische

Unwissenheit versunkene Westeuropa geworden waren. Die Unmöglichkeit, aus dem Koran allein zur humanen Weltanschauung zu gelangen, hat den geistigen Verfall Asiens seit der Türkenherrschaft bedingt.

Unser Bruderstamm im ruhmvollen Oesterreich schützte die Cultur Europas, wie der Löwe Venedigs das Mittelmeer. Das Wachsen der Türkei wirkte aber dazu, neue politische Einheiten in Europa zu schaffen. In einer Ländermasse, die sich bis in das neuentdeckte Südamerika ausdehnte, hatte Karl V. das katholische Kaisertum herzustellen versucht. Die erstrebte spanisch-österreichische Monarchie wurde sodann in verheerenden Kriegen beseitigt, und der Westfälische Friede erschuf das erste völkerrechtliche System des modernen Europa.

An die Stelle des Weltreichs traten fortan die Großmächte. Sie kämpften um die politische Hegemonie, und diese fiel Frankreich zu, welches die Zersplitterung Deutschlands und Italiens stark machte. Die bewegenden Ideen der Politik gingen seit Heinrich IV. von dort aus. Sein berühmter Minister Sully entwarf den kühnen Plan, Europa als einen einheitlichen Bund von Staaten neuzugestalten, welcher der Welt den Frieden sichern sollte. Ludwig XIV., der sich wie ein asiatischer Despot König Sonne (Roi Soleil) nennen ließ, strebte darnach, eine Universalmonarchie mit dem Mittelpunkte Paris aufzurichten. Der glänzende französische Geist bezauberte die Gesellschaft Europas, die schöne und leichte französische Sprache wurde zur vornehmen Weltsprache. Es war ein Triumf dieser Nation, daß ihr Genius selbst noch einen Friedrich den Großen sich zu unterwerfen vermochte, welcher als Deutscher handelte, aber als Franzose dachte, welcher alles Französische bewunderte, obwol er den nationalen Größenwahn dort verspottete und an Voltaire schrieb: „Ihre Landsleute sind alle halbverrückt, wenn von der Präeminenz Frankreichs die Rede ist."

Indeß andere Staaten strebten zugleich empor. Im Nordosten Deutschlands wurde der unbemerkte Keim unsres heutigen deutschen Nationalreichs gelegt. England, zu einem freien Staatswesen gelangt, wuchs durch die wunderbare Kraft seiner Handelstriebe zu einer See- und Weltmacht auf, viermal größer als das alte Römerreich. Es umstrickte die Erde mit einem Gewebe von Colonisation und Industrie. Es ist merkwürdig, daß England in unsrer Zeit um Indiens willen die Kaiseridee aufgenommen hat, die geschichtlich mit dem Weltreich verbunden ist.

Was Plinius von den Römern gerühmt hat, daß sie die Erde menschlicher gemacht haben, das ist auch Englands Ruhm. Sein Egoismus, sein unersättlicher Trieb nach immer mehr Weltbesitz, die auri sacra fames, kann ihn nicht mindern. Ist nicht auch aus altsächsischem Samenkorn der transatlantische Wunderbaum erwachsen, die neue Staatsgesellschaft von unabsehbarer Zukunft, die nordamerikanische Union?

Die Freiheitsideen Amerikas, kaum in dem demokratischen Staatenbunde durchgeführt, wirkten mächtig auf Europa ein, dessen Philosophie ein neues Zeitalter verlangte, während seine Staaten meist noch vom Absolutismus und feudalen Unrecht erdrückt und tief erkrankt waren.

Das geistreiche Volk Frankreichs war noch der Welt

eine befreiende That schuldig geblieben, während diese die Italiener und die Deutschen durch die Renaissance und Reformation geleistet hatten. Seine lange gehemmten Entwickelungstriebe entfesselten sich endlich in einem Ausbruch nationaler Leidenschaft, welcher die Erde erschütterte, und die Schwingungen dieser großen Umwälzung dauern noch heute fort.

Die französische Revolution gestaltete plötzlich mit vulkanischer Gewalt die Völkerverhältnisse Europas um. Sie vernichtete über Nacht das königliche und aristokratische Frankreich. Sie nahm alsbald mit Begeisterung einen Bezug auf die Menschheit. Sie proclamirte die amerikanischen Menschenrechte, sodann die Freiheit, Gleichheit und Brüderlichkeit der Nationen. Dieses große Evangelium der stoischen Abstraction wurde unter den Schreckensmännern zur ungeheuern Lüge, und als solche versank in einem Meer von Blut das sentimentale Humanitätsideal des 18. Jahrhunderts. Die Tyrannis im großen Stil, die cäsarische Gewaltherrschaft beseitigte endlich den Traum des demokratischen Weltstaats.

Aus den furchtbaren Katastrophen gingen dann befreiende sittliche Kräfte hervor, welche Europa erneuert haben.

Napoleon hat auf St. Helena zur Rechtfertigung seines weltstürmenden Ehrgeizes gesagt: „ich habe den Abgrund der Anarchie geschlossen, die Völker veredelt und die Könige gezügelt. Mein höchster Ehrgeiz war, das Kaiserreich der Vernunft aufzurichten, und die volle Ausübung aller menschlichen Fähigkeiten zu sichern". Die Schuld und der Irrtum des großen Mannes war indeß vor dem unbestechlichen Tribunal der Geschichte, die ihn gerichtet hat, der Anachronismus einer neuen Universalmonarchie, deren Träger wiederum eine bevorzugte, von Selbstvergötterung erfüllte Nation und ihre mit den Spolien unterjochter Länder vandalisch geschmückte Hauptstadt sein sollten. Solche Verfassung hatte Europa längst überwunden, und es konnte nicht mehr zu ihr zurückkehren. Die napoleonische Monarchie ging daher als das illegitime gewaltsame Werk eines dämonischen Einzelwillens an den Völkern zu Grunde, die, durch Leiden veredelt, in glorreichen Freiheitskriegen sich wiederherstellten.

Seitdem hat Europa keinen ähnlichen Versuch einer Universalmonarchie gesehen, aber die Furcht vor ihr ist wach geblieben im Angesicht des russischen Colosses, mit dem einst Napoleon die Weltherrschaft teilen zu müssen glaubte.

Das halbasiatische Zarenreich ist durch seine Zusammensetzung und Verfassung den alten Despotien des Orients ähnlich. Es ist zugleich geographisch die größeste aller geschichtlichen Monarchien der Erde. Wenn Raumausdehnung genügte, Weltreiche zu schaffen, so würde es ein solches in hervorragender Weise sein, aber weil im Slaventum nichts enthalten ist, was seine Völker zu Trägern der Weltanschauung machen könnte, so wird Niemand Rußland ein Weltreich nennen. Sein geschichtliches Ziel wurde, das Türkenreich zu zerstören und das byzantinische Imperium in slavischer Form wiederherzustellen, wofür die griechische Kirche als moralische Grundlage dienen sollte. Diejenigen, welche von einer slavischen Weltherrschaft träumen, sind daher der Ansicht, daß

Rußland dazu durch den Besitz Konstantinopels, des Schlüssels der Erde und vielleicht ihres künftigen Mittelpunkts, gelangen wird. Kein umsichtiger Mensch wird den Culturwert dieses gewaltigen Reichs unterschätzen, weil es noch mit der Barbarei ringt, aus der es sich langsam, aber mit sicherem Fortschritt befreit. Es ist eine große Schöpfung im Leben der Welt. Es hat große Völkermassen menschlich gemacht und in ein staatliches System gebracht. Rußland hat in den Barbarenländern des Ostens, in Turan und Hochasien, eine große civilisatorische Mission, doch in Europa keine. Die Zeiten der Völkerwanderung kehren nicht mehr zurück. Dem Druck des slavischen Despotenreichs kann aber das Abendland nur durch die vereinigte Kraft seiner Nationalstaaten widerstehen, deren feste Begründung wie Versöhnung mit einander schon deshalb notwendig ist.

Nach dem Sturze Napoleons hatte der Wiener Congreß die Aufgabe durchzuführen, die aus dem Empire befreiten Völker in ihren Grenzen wiederherzustellen. Dies große Werk wurde nicht gelöst, sondern alsbald aus dynastischen Zwecken verfälscht und abgebrochen, wurde indeß von den Trieben der Nationen immer wieder aufgenommen, wie das der Befreiungskampf Griechenlands, die polnische Revolution und die Aufstände in Italien darthaten.

Die Aufrichtung der Nationalstaaten wurde sodann durch das seltsame Nachspiel eines zweiten französischen Kaiserreichs unter Napoleon III. (die Franzosen können dasselbe ein Satyrspiel nennen) erst ernstlich bedroht, dann aber auf wunderbare Weise gefördert. Die Umwandlung Europas nahm eine Gestalt an, welche nicht im Programm der „napoleonischen Ideen" vorgesehen war, denn diese richteten sich doch auf die Wiederherstellung der französischen Hegemonie. Das Wort Napoleons III.: „l'Empire c'est la paix" war eine theatralische Reminiscenz aus dem römischen Kaiserreich. Man muß sich anderer, hochtönender Phrasen seiner Minister erinnern: „unser Uebergewicht ist legitim", „wenn Frankreich befriedigt ist, dann ist die Welt ruhig", um sich in ferne Zeiten nationaler Selbstüberhebung zurückversetzt zu sehen. Allein Napoleon III. sah sich am Ende genötigt, sich mit den nationalen Bedürfnissen der Völker zu verbinden, wodurch Frankreich geschwächt wurde. Thiers, ein Mann von dem beschränktesten nationalen Horizont, hat ihn deshalb ironisch einen Kosmopoliten genannt. Vom Gewebe eines ungeheuern Selbstbetruges umstrickt, ist dann Napoleon III. jählings zu Grunde gegangen. Deutschland von diesem Pseudokosmopoliten in seinen nationalen Bestrebungen, selbst in seinem Bestande bedroht und frevelhaft herausgefordert, vernichtete auch dieses zweite Empire und warf es zu den anderen Scherben der Geschichte. Der Fall des Epigonen bei Sedan hatte sogar unmittelbar wichtigere Folgen für Europa als der Sturz des Titanen bei Waterloo, denn von jenem datirt in Wahrheit eine neue Geschichtsperiode. Seit dem großen Jahre 1870 stört kein Hemmniß mehr die nationalen Aufgaben der Völker.

Glücklicher als einst die Griechen, haben Italien und Deutschland endlich ihre Freiheit erlangt, die beiden Schicksalsgefährten seit Jahrhunderten, die erlauchten Culturvölker, welche die Träger der kosmischen Formen

der Kirche und des Reichs gewesen sind und diese univer=
sale Größe so teuer bezahlt hatten.

Italien hat den letzten Rest seines Mittelalters, den
tausendjährigen Kirchenstaat aufgehoben, die Ursache seiner
nationalen Zerrissenheit; es hat das kosmopolitische Rom
der Päpste zu seiner vaterländischen Hauptstadt gemacht.

Deutschland hat das Kaisertum in seiner Nation her=
gestellt und zugleich in ihr beschränkt. Nicht das dogma=
tische Reichsprincip, sondern die vereinigte Kraft und
Bildungsmacht gibt heute unserm Vaterlande den Rang,
den es unter den Völkern einnimmt: als das stärkste und
friedlichste Nationalreich, als der stete Mittelpunkt Europas,
in welchem das Gleichgewicht des Weltteils ruht.

Deutschland strebt nicht nach eitler Herrschaft auf
Kosten anderer Nationen. Sein schönster Ruhm würde
einst dieser sein, wenn man von ihm sagen könnte, was
Isokrates von Hellas gesagt hat: daß es eine Schule
der Völker sei. Allein dieser Ruhm ist schwer zu ver=
dienen in Zeiten, wo sich die Bildung immer allgemeiner
über die Länder erstreckt. Wenn wir mit freudigem Selbst=
bewußtsein die Höhen und Tiefen der deutschen Wissen=
schaft ermessen, aus deren Gold= und Silberminen schon
seit lange fremde Völker Schätze ziehen, so sollen wir uns
doch hüten, deshalb in pedantischen Größenwahn zu ver=
fallen, als ob wir allein „an der Spitze der Civilisation
marschiren". Wir sollen nicht auf die Träume Derer
achten, welche die intellectuelle Weltherrschaft Deutschlands
prophezeien. Keine einzelne Nation kann mehr weder die
politische Hegemonie, noch die Monarchie der Wissenschaft
für sich allein beanspruchen. Alles Wissen aber bleibt

ein totes Meer, wenn nicht über ihm der belebende Hauch des höheren bildnerischen Geistes schwebt. Sehen wir zu, daß nicht im neuen Zeitalter unsrer politischen Macht jener an Volk und Welt weiter bildende hohe und ideale Geist von uns entweiche, der im Zeitalter der Ohnmacht in den Heroen unsrer classischen Literatur erschienen ist. Die echte germanische Idee ist: das Reich der sittlichen Freiheit, der Wahrheit und Gerechtigkeit, der Pflicht und Arbeit in der menschlichsten Culturform zu verwirklichen. In den Kämpfen um sie, wie bei ihrem Triumphzug in der Geschichte wird Deutschland immer in der vordersten Reihe der Völker zu finden sein.

Der geistvolle Belgier Laurent hat dieses Urteil gefällt: „Das Werk der Bildung der Nationen dauert noch fort; erst wenn es vollendet ist, wird man an die harmonische Vereinigung aller Glieder des Menschengeschlechts denken können."

Der moderne Staat strebt darnach, der Staat der Volksindividualität zu sein, welche zur naturgemäßen und zugleich rechtlichen Voraussetzung des Völkerlebens geworden ist. Der Nationaltrieb, darauf gerichtet, die ehedem durch dynastische Eroberung getrennten Glieder der Völker zu vereinigen, so weit sprachliche und stammliche Gemeinschaft das erlaubt, ist gegenwärtig so mächtig, daß er sogar auszuarten droht, indem er die politische Einheit der Race zurückfordert. Die Begriffe Panslavismus, Pangermanismus, Panlatinismus sind die Extreme des nationalen Princips und sie bergen in sich die Drohung neuer, aus diesem sich entwickelnder Weltreiche.

Ueberall haben jetzt die nationalen Aufgaben die all=

gemeinen Theorien zurückgedrängt. Statt sich mit der
Erziehung des Menschengeschlechts zu beschäftigen, wie
im Zeitalter Rousseaus, Lessings und Herders, baut jetzt
jede Nation ihren eigenen Staat aus. Die kosmopoliti=
schen Doctrinen erregen minder unser realistisches Ge=
schlecht, schon deshalb, weil es selbst — und dieses ist
ein einziges Schauspiel — auf dem breitesten Grunde
des Kosmopolitismus steht. Das 19. Jahrhundert, dessen
glanzvoller Stern sich schon zum Horizont niedersenkt,
ist weltbürgerlich in einem höheren und positiveren Sinne,
als es das 18. mit seiner philosophischen Aufklärung
gewesen ist. Kein größeres Jahrhundert hat die Mensch=
heit erlebt.

Die Verbindung der Völker der Erde mit einander
ist heute so allgemein, daß die begeisterten Gemälde eines
Plinius, Aristides und Tertullian von der Cultureinheit
des Römerreiches nur noch als Miniaturbilder erscheinen.
In Wahrheit verhalten sich die Maße des Völkerverkehrs
im Reiche Trajans zu den unsrigen wie die römische
Reichspost zum Weltpostverein.

Auf das Zeitalter der Entdeckung von Continenten
und Inselgruppen, deren Dasein kein Geograph des Alter=
tums geahnt hatte, ist das andere wunderbarer Erfindungen
der Naturwissenschaft gefolgt, und diese haben die ent=
ferntesten Teile der Welt einander genähert. Wenn schon
Plutarch sein Weltbürgertum aus der Kleinheit der Erde
ableitete, wie leicht hat es dann der heutige Mensch, sich
Weltbürger zu nennen, nachdem er durch den Dampf und
die elektrischen Kräfte Herr des Raumes und der Zeit
geworden ist. Die Erde ist im Weltsystem nur ein

mäßiger Planet; weil sie das ist, vermag sie der Menschengeist als Einheit zu umfassen. Hätte sie die Größe der Planeten Saturn oder Jupiter, so würde ihm das schwer möglich sein. Als vor mehr denn drei Jahrhunderten ein glückliches Schiff die Weltumsegelung vollbrachte, war diese eine geschichtliche Großthat; heute ist die Reise um die Erde eine Vergnügungsfahrt, während der menschliche Gedanke als elektrischer Funke zu jeder Stunde die Welt umkreist. So verkleinern die ihm dienstbaren Kräfte der Natur immer mehr die Erde, und der Zweifel kann entstehen, wie nach der Entwicklung von Jahrtausenden dieser durch den Weltraum rollende Ball dem Menschengeiste noch genügen wird.

Die immer größere Gemeinsamkeit der Arbeit, des Wissens, der Künste, der sittlichen Gesetze gleicht die Völker aus. Jede moralische Erkenntniß ist, wie jede technische Vervollkommnung ein Fortschritt der allgemeinen Menschheit und kosmopolitischer Natur. Der Weltzusammenhang ist aus den Regionen der Philosophie in das Gebiet des wirklichen Lebens übergetreten. Die Philanthropie des 18. Jahrhunderts ist praktisch geworden. Erst das 19. hat den Altar des Mitleids öffentlich aufgerichtet.

Sogar den Versuch einer allgemeinen Sprache, an die schon Leibnitz, wenn auch nur als wissenschaftliche Formel, gedacht hatte, haben wir erlebt. Die menschliche Sprache, das geheimnißvollste Problem der Natur, gleichsam in einem philologischen Distillirkolben willkürlich herzustellen, war das Wagniß eines genialen deutschen Geistlichen; und vielleicht konnte nur ein deutscher Mann so kühn und hochgemutet sein. Wenn auch dies merk=

würdige Unternehmen nicht praktisch werden kann, so beweist es doch die Macht weltbürgerlicher Bedürfnisse in unserer Zeit, welche das Telephon und den Phonographen erfunden hat. Sollte es nicht wahr werden, was Fourier geträumt hat, daß dem Menschengeist einst vom Planeten Merkur die langue harmonique unitaire zukommen werde, so wird am Ende diejenige in der Natur gewachsene Volkssprache zur Weltsprache werden, in der sich der Genius der Menschheit von neuem am meisten schöpferisch zu offenbaren vermag.

Wenn die Anschauung der Welt als Einheit in den Religionen Asiens entsprungen ist, so lebt dieselbe als Bewußtsein doch nur im Geiste Europas, und dies gibt unserm Weltteil die Herrschaft über die Erde. Die Aristokratie des Erdenlebens ist in ihm versammelt. Seine eigene Einheit in Dasein, Schicksal und Gesittung seiner Stämme macht unsern mit dem schönsten physischen Maaß ausgestatteten Erdteil zur Bundeslade der Ideen der Menschheit. Der Enthusiasmus für die großen Ideen aber ist die göttliche Leidenschaft, welche dies alte Europa ewig jung erhält.

Der europäische Geist gibt heute dem Erdkreise die Gesetze der Humanität. Nur seine Arbeit ist auf den Kosmos bezogen, weil sie beides ist: die Analyse und Synthese des Weltganzen. Seine Wissenschaft durchdringt alle Gebiete und alle Formen des Lebens, selbst die kleinsten und verborgensten. Er entziffert und vergleicht die Ur=kunden und Sprachen aller Völker und schreibt deren Geschichte. Nur er allein ist schöpferisch. In den ein=gebornen Nationen Asiens und Afrikas, von woher einst

Europa seine Gesittung empfing, ist der schöpferische Gedanke als erloschen anzusehen. Ihren Bezug auf das Weltganze erhalten sie nur durch Europa. Indien ist erst als Provinz Englands in ein Verhältniß zur Welt gebracht worden, und China und Japan hat Europa tausendjähriger Absonderung entrissen. Es gibt keinen Menschenstamm mehr, selbst nicht in dem dunkelsten, von europäischen Wanderern erforschten Afrika, welcher sich noch außer dem Bereich der Anziehungskraft Europas halten kann.

Der in der Geschichte wirksame Gesellschaftstrieb hat sich demnach von Stufe zu Stufe als ein progressiver dargethan. Als Gesetz der menschlichen Entwicklung erscheint das Fortschreiten zu immer größeren Verbindungen der Erdenvölker. Die heutigen Anthropologen behaupten deshalb, wie Ratzel in seiner Anthropogeographie, daß die Einheit aller Menschen das Ziel der Geschichte sei. Sie reden von einer Wiedervereinigung der Gruppen der Menschheit, die durch Artbildung und Migration als Völker und Racen entstanden sind. Diese Ansicht ist nur unter der Voraussetzung von Wert, daß sie zugleich anerkennt, daß ohne die Gegensätze der Individualität das geschichtliche Leben undenkbar ist.

Es klingt praktischer, wenn von einem künftigen System vereinigter Völkerstaaten zunächst Europas geredet wird. Aber selbst wenn ein einzelner Weltteil eine einheitliche Verfassung erhalten hätte, so würde er doch nur ein unvollkommenes Bruchstück sein. Der Weltstaat, in welchem die geschichtlichen Weltreiche und Weltreligionen wie Ströme in den Ocean münden, ist daher die Forderung der Kosmopoliten unserer Gegenwart.

Die philosophische Schule, die Stoa der heutigen Staats- und Völkerrechtslehrer, hat ihn als die Vollendung der Idee des Staates begriffen. Bluntschli knüpft an Zeno und Marc Aurel an, wenn er erklärt: „In der höheren Einheit der Menschheit sind die Völker nur die Glieder. Die national beschränkten Staaten haben nur eine relative Wahrheit und Geltung. Der Denker kann in ihnen noch nicht die Erfüllung der höchsten Staatsidee erkennen. Der vollkommene Staat ist also der körperlich sichtbaren Menschheit gleich. Der Weltstaat ist das Ideal der fortschreitenden Menschheit."

Diesen Theorien ist die historische Rechtsschule entgegengetreten. Martens hat in seinem „Völkerrecht" erklärt, daß die Verwirklichung des Weltstaats angesichts der jetzigen internationalen Verhältnisse als Utopie erscheint. Aber er hat zugegeben, daß schon jetzt die internationalen Beziehungen eine bestimmte Ordnung und ein Recht kennen, welches sie regelt. Er hat die progressive Entwicklung dieser Verhältnisse als Grundgesetz der gesammten Völkerrechtsgeschichte anerkannt. Die Idee des Rechtes überhaupt erscheint ihm als das Princip, welches das Völkerleben in der Zukunft gestalten wird.

Die Zukunft gehört den Zukünftigen an. Keine Sibylle entschleiert unserem Blick die Bahnen, welche die Menschheit nach uns gehen wird. In dem Maße als sie vorschreitet, werden wir in den Hintergrund treten. Wie wir heute auf die socialen und politischen Bildungsformen der Vergangenheit als auf überwundene Stadien der geschichtlichen Entwickelung zurücksehen, ganz so werden nachfolgende Geschlechter auf die Verfassung zurückblicken, welche Gesellschaft, Staat und Kirche in unserer Gegenwart erlangt haben. Nur dies wissen wir, daß der synthetische Menschengeist das Panorama der Welt mit jedem Tage großartiger und einheitlicher gestaltet, und daß jedes Wunder seiner Erfindungskraft eine unabsehbare Reihe kommender Wunder eröffnet.

Wir heute Lebenden können uns noch mit dem Ausspruche begnügen, welchen Humboldt in seinem „Kosmos" gethan hat: „Das Princip der individuellen und der politischen Freiheit ist in der unvertilgbaren Ueberzeugung gewurzelt von der gleichen Berechtigung des einigen Menschengeschlechtes. So tritt dieses als ein großer verbrüderter Stamm, als ein zur Erreichung eines Zweckes, der freien Entwickelung innerlicher Kraft bestehendes Ganzes auf."

Druck von F. A. Brockhaus in Leipzig.

www.ingramcontent.com/pod-product-compliance
Lightning Source LLC
Chambersburg PA
CBHW021351230426
43666CB00006B/478